Matthieu Douchy

ACCOMPAGNER LES CRÉATEURS D'ENTREPRISE

vers le succès

Du diagnostic projet au mindset,
toutes les clés pour conseiller les entrepreneurs

Une méthode déjà éprouvée auprès de 35 000 entrepreneurs

DUNOD

Suivi éditorial : Innocentia Agbe, Ludivine Le Gall
Couverture : Florie Bauduin
Fabrication : Maud Gilles
Mise en pages : Nord Compo

NOUS NOUS ENGAGEONS EN FAVEUR DE L'ENVIRONNEMENT :

PAPIER CERTIFIÉ

Nos livres sont imprimés sur des papiers certifiés pour réduire notre impact sur l'environnement.

Le format de nos ouvrages est pensé afin d'optimiser l'utilisation du papier.

Depuis plus de 30 ans, nous imprimons 70 % de nos livres en France et 25 % en Europe et nous mettons tout en œuvre pour augmenter cet engagement auprès des imprimeurs français.

Nous limitons l'utilisation du plastique sur nos ouvrages (film sur les couvertures et les livres).

11 rue Paul Bert, 92240 Malakoff

www.dunod.com

ISBN : 978-2-10-087575-7

Sommaire

PARTIE 4
LA PHASE INTERMÉDIAIRE

PARTIE 5
LA PHASE DE DÉVELOPPEMENT

Annexes
LA BOÎTE À OUTILS DU CONSEILLER EN ENTREPRENEURIAT

Avant-propos

Je suis Matthieu Douchy, président-fondateur de CréActifs, et j'ai pensé et conçu ce livre avec un objectif : partager ma méthode d'accompagnement entrepreneurial, éprouvée auprès de 35 000 entrepreneurs depuis quinze ans.

En 2010, je crée et lance CréActifs avec le but de former et d'accompagner les entrepreneurs à la création d'entreprise afin de maximiser leurs chances de réussite. Aujourd'hui, et toujours avec cette même envie, je vous partage ma méthode d'accompagnement pour que vous, professionnels de l'accompagnement à l'entrepreneuriat, maximisiez également les chances de réussite des créateurs d'entreprise. Depuis 2017, nous avons lancé une formation pour les conseillers à l'entrepreneuriat et déjà formé plus de 500 d'entre eux à cette méthode.

Dans ce livre, vous allez ainsi apprendre à réaliser efficacement un diagnostic entrepreneurial et à identifier les besoins du porteur de projet, étape fondamentale pour vérifier la cohérence du projet. Vous allez aussi apprendre à accompagner vos porteurs de projet sur les différentes étapes de son aventure entrepreneuriale : étude de marché, montage financier, choix du statut juridique, guider la rédaction d'un business en assurant sa structure et sa pertinence, pour transformer une idée en un projet viable et concret.

Alors certes, je vous présente ici la recette d'une méthode éprouvée. Mais pas seulement. Vous découvrirez également des outils (beaucoup d'outils) pour accompagner sereinement vos porteurs de projet.

Ce livre n'est donc qu'une première étape, une version que je souhaite enrichir grâce à vos retours et vos idées. Ensemble, cocréons la prochaine édition en partageant vos outils favoris, vos expériences ou vos suggestions. Mon objectif est de continuer à bâtir une méthode d'accompagnement toujours plus pertinente et adaptée à vos besoins sur le terrain.

Pour aller plus loin, je vous invite à rejoindre le premier réseau en France dédié aux professionnels de l'accompagnement entrepreneurial : un espace où vous pourrez échanger avec vos pairs, partager des bonnes pratiques et bénéficier de la force du collectif. Rejoignez-nous dès maintenant sur LinkedIn pour être au cœur des discussions et des évolutions de ce métier passionnant.

http://dunod.link/creactifs01

Si vous souhaitez me faire part de vos retours, recevoir des informations sur les nouveautés ou simplement échanger sur les défis de l'accompagnement entrepreneurial, n'hésitez pas non plus à m'ajouter sur LinkedIn !

http://dunod.link/creactifs02

Ensemble, continuons à accompagner et à faire réussir les créateurs d'entreprise !

Mode d'emploi

Ce livre a été pensé comme un guide complet pour les professionnels de l'accompagnement, plus particulièrement pour tous ceux étant amenés à accompagner et conseiller les porteurs de projet, de l'émergence du projet, à sa structuration et à son développement. Il n'est ainsi pas destiné à une lecture linéaire, mais à être consulté comme un guide pratique. Il est structuré pour vous permettre de trouver rapidement les informations et les outils pertinents en fonction de la situation de l'entrepreneur que vous accompagnez. Voici quelques exemples d'utilisation.

1. En fonction du profil de l'entrepreneur

Pour comprendre les différents types de profils et adapter votre posture, rendez-vous directement à la partie 2. Ces chapitres vous aideront à identifier les forces, les faiblesses et les motivations de chaque entrepreneur et à ajuster votre approche en conséquence. Vous y trouverez des conseils sur la manière d'accompagner des profils hésitants, manquant de confiance ou, à l'inverse, trop confiants.

2. En fonction des problématiques rencontrées par l'entrepreneur

La partie 3 (phase de démarrage) offre des conseils pour accompagner les entrepreneurs à lever leurs craintes et doutes, tout en traitant de l'importance du positionnement d'un projet. Elle propose des méthodes pour aider à analyser la concurrence et à définir ses personas, tout en démythifiant la question du statut juridique. La partie 4 (phase intermédiaire) vous aidera, quant à elle, à accompagner les entrepreneurs trop confiants et à introduire la validation du marché. Elle vous donnera des clés pour guider les porteurs de projet à clarifier leur offre, à définir une proposition de valeur et la cible.

3. En fonction des étapes de la création d'entreprise

La partie 2 donne des clés pour mener un diagnostic projet réussi et être en mesure de proposer un plan d'action d'accompagnement adapté à la situation et au projet de l'entrepreneur. La partie 3 est ensuite entièrement dédiée à cette phase, abordant les défis initiaux et proposant des solutions pour mettre en mouvement le porteur de projet, clarifier ses objectifs et mobiliser ses forces. Enfin, tandis que la partie 4 se concentre sur l'accompagnement d'entrepreneurs dont le projet est avancé, traitant de la validation approfondie, de la stratégie commerciale et de la proposition de valeur, la partie 5 vous permettra de guider les entreprises en développement, abordant des aspects comme la diversification ou encore le pilotage de l'activité.

En résumé

- Identifiez la situation de l'entrepreneur (profil, problématique, étape du projet entrepreneurial).
- Consultez directement la partie et le chapitre correspondants dans le sommaire.
- Utilisez les outils et les conseils proposés pour guider vos porteurs de projet.
- Revenez sur d'autres sections si des problématiques connexes émergent, car les aspects d'un projet entrepreneurial sont souvent interconnectés.
- Explorez la boîte à outils (annexes) pour intégrer des outils spécifiques dans vos accompagnements.

Ce livre est une ressource dynamique. Parcourez-le et familiarisez-vous avec sa structure pour pouvoir naviguer efficacement en fonction des besoins de chaque entrepreneur.

Partie 1

ZOOM SUR L'ACCOMPAGNEMENT ENTREPRENEURIAL

Chapitre 1

L'univers de l'accompagnement

LE RÔLE DU CONSEILLER

Saviez-vous qu'en tant que conseiller en entrepreneuriat, vous êtes souvent *la* clé de voûte qui transforme une envie en succès durable ? Oui. C'est vous qui faites pencher la balance entre un projet qui s'effondre et un autre qui prospère. Sur le plus d'un million d'entreprises créées chaque année en France, celles bénéficiant de votre expertise ont mieux survécu après trois ans : vous êtes au cœur de l'écosystème entrepreneurial français. Votre accompagnement, à la fois stratégique et humain, est souvent ce qui permet à un entrepreneur de franchir les obstacles de démarrage et de passer les étapes suivantes.

Pourquoi votre rôle est indispensable ?

En tant que conseiller, vous endossez plusieurs casquettes. Vous pouvez être mentor, consultant et parfois coach. Vous devez être un réel soutien, ainsi qu'une source de motivation : au fur et à mesure de la construction du projet, votre rôle est d'atténuer les doutes. C'est l'un des indicateurs qui évalue la réussite de l'accompagnement. Votre mission va ainsi au-delà de simples conseils en surface. Vous structurez, orientez et challengez les projets pour éviter que les entrepreneurs ne se perdent dans les méandres des idées floues et des actions inefficaces. Dans un environnement où un quart des nouvelles entreprises individuelles échouent dès les deux premières années selon l'Insee, principalement à cause d'un manque d'accompagnement, votre rôle de « garde-fou » est essentiel.

En effet, vous êtes avant tout là pour l'humain et le suivi de la construction du projet. Vous êtes l'élément déclencheur. Celui qui transforme un rêve flou en action concrète. Vous jouez un rôle clé à chaque étape de l'aventure entrepreneuriale, en aidant les créateurs à passer de l'idée à la réalité, mais surtout à se mettre en mouvement et à adopter le bon mindset entrepreneurial.

La raison d'être de l'accompagnement

L'accompagnement apporte un véritable levier de succès pour les créateurs d'entreprise. Mais plus concrètement, quels sont les avantages pour un entrepreneur à être accompagné ?

- *Éclaircir les zones d'ombre* : la plupart des entrepreneurs viennent avec une idée, mais souvent ils ne savent pas par où commencer. Vous allez les aider à comprendre, clarifier et structurer les étapes de leur projet.
- *Adopter la bonne méthode pour conduire un projet via la mise en mouvement* : l'accompagnement permet d'accroître l'engagement de l'entrepreneur dans son projet. Comment ? En instaurant un processus de mise en mouvement régulier, en fixant des objectifs concrets et mesurables, et en aidant l'entrepreneur à rester concentré sur l'action. Sans accompagnement, beaucoup restent figés dans une phase de rêverie remplie d'idées abstraites... Voici pourquoi vous devez toujours cadrer les rendez-vous d'accompagnement en fonction des objectifs que le porteur de projet vous donne.
- *Apporter un soutien psychologique* : l'aventure entrepreneuriale est souvent perçue comme un risque intimidant. L'accompagnement permet de surmonter ces freins psychologiques en offrant un cadre rassurant où l'entrepreneur peut tester ses idées et se tromper sans conséquences dramatiques dans cette période de vulnérabilité.
- *Mobiliser un réseau d'expertise* : en tant que conseiller, votre rôle va au-delà de l'accompagnement direct. Vous orientez l'entrepreneur vers des experts, dispositifs ou ressources adaptés à ses besoins spécifiques. Qu'il s'agisse de juristes, comptables ou spécialistes sectoriels, ces connexions stratégiques enrichissent son projet et renforcent ses chances de succès.

- *Éviter les pièges classiques* : le partage d'expériences et de connaissances que vous offrez permet aux entrepreneurs d'éviter les erreurs classiques que beaucoup commettent au début de leur parcours. Vous leur donnez des clés qui leur permettent de naviguer plus sereinement dans l'environnement parfois chaotique de la création d'entreprise.

Plus qu'un guide, vous êtes un levier de succès

Pour offrir un accompagnement entrepreneurial efficace, il est indispensable de posséder une base de connaissances. Cela ne se limite pas à maîtriser la gestion financière ou les aspects commerciaux ; vous donnez aux entrepreneurs les compétences clés pour affronter la réalité du terrain. C'est pourquoi il est primordial d'adopter un rôle de guide, d'être un réel soutien, mais aussi une source de motivation pour les porteurs de projet.

L'entrepreneuriat est un univers flou, qui génère beaucoup de doutes et de découragement chez les entrepreneurs, surtout dans les phases de création. L'accompagnement que vous proposez doit être adapté de façon à éliminer ces doutes, pas à pas, au fur et à mesure que le projet prend forme. Des craintes non traitées mènent au découragement, ce qui constitue un échec non seulement pour l'entrepreneur, mais aussi pour l'accompagnant.

Le suivi des porteurs de projet doit ainsi être effectué de manière rigoureuse. Vous devez rester en contact régulièrement, car un contact rompu ou trop espacé augmente le risque d'abandon. Comme dans un bon partenariat, vous devez être là à chaque étape, en ajustant votre approche selon les besoins et les blocages rencontrés.

Quelles sont vos missions principales ?

Le professionnel de l'accompagnement entrepreneurial, qu'il soit salarié ou indépendant, conseiller en création d'entreprise, conseiller en évolution professionnelle, conseiller RH, consultant, formateur, chargé de clientèle dans une banque ou chargé de bilan de compétences joue donc un rôle clé dans le paysage entrepreneurial français. Il permet de concrétiser les rêves des entrepreneurs en les accueillant, les conseillant, les orientant et les accompagnant pour les aider à relever les défis du marché et à concrétiser leurs projets professionnels.

Accueillir : la première étape essentielle

Accueillir, c'est informer, sensibiliser et orienter. Lors de cette première étape, le conseiller doit connaître les acteurs, structures et réseaux du monde entrepreneurial. L'objectif est d'amener le porteur de projet à clarifier son idée et à l'expliciter. Cela passe également par la réalisation d'un diagnostic du projet entrepreneurial. Ce diagnostic permet de mieux cerner la motivation à entreprendre, les freins éventuels, mais aussi d'identifier les forces et faiblesses du porteur, et l'état d'avancement de son projet, afin d'évaluer si son idée est réalisable et cohérente dans le contexte économique actuel.

Informer et conseiller : apporter des solutions concrètes

Informer et conseiller, c'est donner au porteur de projet les connaissances techniques et stratégiques nécessaires et suffisantes pour prendre des décisions éclairées. Les volets juridiques et financiers sont souvent des sources d'interrogation ou de blocage. Vous devez posséder des connaissances précises dans ces domaines. Mais il ne s'agit pas uniquement de fournir des réponses : vous devez aussi stimuler une réflexion stratégique et encourager l'autonomie dans la prise de décision, tout en gardant en tête le fait que l'entrepreneur est maître de son projet. Votre rôle n'est pas de se substituer à lui, mais bien de l'accompagner en lui posant les bonnes questions.

L'accompagnement ne doit pas non plus le noyer dans des détails inutiles. Le conseiller doit rester focalisé sur les points stratégiques qui déterminent la réussite ou l'échec du projet. Trop souvent, des études de marché trop longues ou des démarches administratives mal ciblées gaspillent un temps précieux. Votre rôle est de recentrer les actions sur les vraies priorités, celles qui ont un impact direct sur le développement du projet.

Accompagner : amener le porteur à un projet viable

Accompagner, c'est guider sans se substituer. L'objectif est de faire cheminer le porteur de projet vers l'autonomie en lui fournissant les outils nécessaires pour structurer son projet. Vous pouvez lui fournir, par exemple, des trames guidées/tutorées (que je vous mets à disposition en annexes) pour réaliser une étude de marché, un prévisionnel financier, un plan d'action commercial...

- *Identifier les obstacles : une mission stratégique du conseiller*. Tout projet entrepreneurial rencontre des obstacles. Votre mission consiste à identifier les défis spécifiques auxquels chaque porteur de projet sera confronté : contraintes réglementaires, besoins en financement, étapes critiques. Chaque mois compte, surtout pour ceux qui n'ont pas de ressources infinies. Votre rôle est d'optimiser les décisions pour assurer la viabilité du projet, en guidant vers des actions qui feront réellement la différence.
- *Réaliser des diagnostics précis : aller à l'essentiel sans suranalyser*. Une fois les obstacles identifiés, vous devez vérifier la cohérence et la faisabilité du projet. Cela implique de réaliser au tout début de votre accompagnement un diagnostic projet approfondi qui se concentre sur les éléments critiques : le marché, le modèle économique, les ressources disponibles. Cependant, attention à ne pas tomber dans la suranalyse. Un mauvais conseil ou un diagnostic trop complexe peut faire perdre de vue l'essentiel et ralentir inutilement le processus. Votre rôle est de rester clair et efficace, en veillant à ce que chaque étape du diagnostic soit directement liée à la faisabilité du projet.
- *Mettre les entrepreneurs en réseau : l'importance des connexions*. Une partie de votre mission consiste également à relier les entrepreneurs aux bons acteurs et aux bonnes ressources. Cela peut être des clients potentiels, des fournisseurs ou d'autres entrepreneurs avec lesquels ils peuvent échanger. Ces interactions sont souvent décisives pour la réussite d'un projet. Sortir de sa zone de confort et confronter son idée à la réalité du terrain renforce non seulement le projet, mais également la résilience de l'entrepreneur.
- *Assurer la veille entrepreneuriale : un impératif pour un accompagnement à jour*. Enfin, pour guider efficacement les entrepreneurs, il est indispensable de maintenir une veille constante sur l'évolution du secteur entrepreneurial : les changements législatifs, les tendances du marché et les nouveautés technologiques notamment. Cette veille permet d'anticiper les besoins de vos porteurs de projet et de leur proposer des solutions adaptées aux nouvelles réalités du marché. Tester de nouvelles idées dans un contexte réel aide aussi à évaluer leur pertinence pour les projets que vous accompagnez.

Les compétences du conseiller en création d'entreprise

Ainsi, pour exceller dans ce métier, il ne suffit pas d'avoir une bonne connaissance du terrain entrepreneurial. En tant que conseiller en création d'entreprise, vous devez maîtriser une palette de compétences diversifiées. Les bases incontournables incluent le développement personnel, la gestion, le droit, la fiscalité, le marketing, le management et du bon sens. Ces connaissances sont essentielles pour guider les porteurs de projet à travers les différentes étapes de la création d'entreprise.

Un rôle multiple et varié

Le métier de conseiller en création d'entreprise ne se limite pas à des entretiens individuels. En fonction des structures, vous pouvez également assurer des formations collectives, des sessions d'information ou encore animer des ateliers thématiques. Savoir animer un groupe, créer des contenus pédagogiques impactants et s'adapter à des profils variés d'entrepreneurs, sont autant de compétences nécessaires.

Cependant, il est important de noter que ces missions peuvent varier. Certains conseillers se concentrent uniquement sur l'accompagnement individuel, tandis que d'autres, souvent plus expérimentés ou seniors, prennent en charge la formation de groupes ou l'animation de réseaux d'entrepreneurs. Cela dépend des structures dans lesquelles vous travaillez et de votre degré d'expérience.

Des parcours variés vers la profession

Il n'existe pas de parcours unique pour devenir conseiller en création d'entreprise. En général, les professionnels de ce secteur ont une formation académique de bac +3 à bac +5 en commerce, gestion, droit ou économie. Cependant, les expériences de terrain sont souvent ce qui fait la différence. Qu'il s'agisse d'avoir soi-même lancé une entreprise, d'avoir travaillé en tant que manager dans une entreprise ou d'avoir évolué dans un rôle de consultant, ces expériences professionnelles augmentent votre capacité à guider efficacement les futurs entrepreneurs.

Pour compléter ces connaissances académiques et pratiques, des formations certifiantes spécialisées dans l'accompagnement entrepreneurial sont également un atout. Par exemple, chez CréActifs, nous avons conçu une formation certifiante spécifique qui permet de développer une expertise dans l'accompagnement entrepreneurial tout en restant focalisé sur le rôle de guide plutôt que d'expert technique.

Un juste équilibre entre expertise et accompagnement

Un conseiller en création d'entreprise n'est pas nécessairement un expert technique. Son rôle principal est de guider et d'accompagner les porteurs de projet dans leurs réflexions et leurs actions, tout en les aidant à clarifier leurs choix. L'expertise technique peut être un atout pour certains conseillers expérimentés, mais il n'est pas requis d'être un expert dans chaque domaine (juridique, financier, marketing, etc.) pour être efficace. Le savoir-faire clé du conseiller, c'est sa capacité à poser les bonnes questions, à orienter et à débloquer les situations en fonction des besoins du porteur de projet.

Un métier exercé sous différents statuts

Le métier de conseiller en création d'entreprise peut enfin être exercé de deux façons :

- *en tant que salarié :* vous pouvez travailler pour des structures comme France Travail, les Chambres de commerce et d'industrie (CCI), les incubateurs, les associations et entreprises d'aide à la création d'entreprise, les cabinets de reclassement RH ou encore pour des collectivités locales ;
- *en tant qu'indépendant* : cette forme d'exercice offre une flexibilité dans la gestion de votre emploi du temps et dans le choix des entrepreneurs que vous accompagnez. Cependant, elle nécessite encore plus une capacité à développer votre réseau, à rester à jour des évolutions du secteur et à proposer des services adaptés aux besoins des porteurs de projet.

Un impact profond et multidimensionnel

Si vous remplissez votre mission de conseiller avec rigueur, l'impact que vous aurez sur les projets accompagnés sera immense. En anticipant et en évitant les erreurs classiques, vous réduisez les risques et consolidez les fondations des entreprises dès leur création. Cette phase initiale est décisive : c'est elle qui détermine si l'entreprise pourra croître de manière durable et résister aux aléas du marché.

Votre accompagnement ne se limite donc pas à prodiguer des conseils ; vous aidez les entrepreneurs à prendre des décisions éclairées et stratégiques, ce qui leur permet de progresser plus rapidement, mais surtout plus solidement. La rapidité n'est rien sans la résilience. Grâce à vous, ces entreprises ne se contentent pas de survivre, elles prospèrent en étant mieux préparées aux défis à venir.

Enfin, vous ajoutez une valeur considérable en orientant les créateurs vers les opportunités les plus prometteuses. Dans un environnement économique saturé, votre rôle est de les aider à se différencier, à trouver leur place sur le marché et à y rester. Vous les guidez non seulement pour bien démarrer, mais aussi pour évoluer, innover et durer dans un contexte concurrentiel exigeant.

En résumé, en tant que conseiller en entrepreneuriat, vous êtes l'architecte des succès futurs. Vous ne vous contentez pas de poser des fondations solides, vous équipez les entrepreneurs pour construire durablement et avec vision. Et ça, c'est une mission qui change tout.

L'ACCOMPAGNEMENT ET LA DYNAMIQUE ENTREPRENEURIALE EN FRANCE

Le paysage entrepreneurial évolue à grande vitesse, propulsé par des initiatives de soutien plus structurées et des réseaux d'acteurs qui deviennent de véritables moteurs de la croissance. Avec, selon l'Insee, plus d'un million de nouvelles entreprises créées chaque année, on assiste à un véritable bouillonnement d'idées, de projets et d'innovations. Mais derrière ces chiffres impressionnants se cachent des dynamiques subtiles et des stratégies bien pensées, souvent orchestrées par des conseillers en entrepreneuriat, autrement dit vous, qui jouent un rôle de chef d'orchestre dans cet écosystème effervescent.

Une croissance alimentée par des dynamiques nouvelles

Derrière ce chiffre supérieur à un million de créations d'entreprises qui, à première vue, pourrait simplement réjouir les observateurs, se cachent une série de leviers activés pour booster l'esprit entrepreneurial en France : des dispositifs fiscaux plus avantageux, le statut de micro-entreprise qui encourage le lancement entrepreneurial, des programmes d'accélération taillés sur-mesure pour les start-up techs et sociales, et une énergie collective qui pousse à aller plus loin, plus vite. Résultat ? 48 % des Français souhaiteraient entreprendre un jour et on compte un taux de survie des sociétés à trois ans qui frôle les 84 %[1]. Alors, oui, l'écosystème est en pleine forme, mais ce n'est pas par hasard : il est nourri par une vision partagée et une armée d'acteurs qui, chacun à leur manière, soutiennent les créateurs d'entreprise à chaque étape de leur aventure.

Notons d'ailleurs que la France est un cas particulier sur la scène internationale, le nombre annuel de créations d'entreprises ayant explosé. On est donc loin de l'image d'un pays frileux face à l'entrepreneuriat ! En réalité, la France se positionne comme l'un des champions de la création d'entreprises en Europe, notamment dans des secteurs comme l'industrie, l'information-communication ou encore les services aux entreprises. Des pôles régionaux comme Lyon, Nantes ou Bordeaux, ne cessent de grandir, prouvant que l'esprit d'entreprise est en train de se réinventer au-delà des frontières traditionnelles.

Qui sont les acteurs qui boostent l'écosystème ?

- *Bpifrance :* acteur central du financement de l'innovation et du développement des entreprises en France, Bpifrance soutient les porteurs de projet grâce à une large gamme de solutions (prêts, subventions, garanties et

1. Source : Insee. Pour les entreprises individuelles, ce taux est de 75 % et pour les micro-entreprises 49 %.

investissements). Mais son rôle ne s'arrête pas là : elle accompagne également les entrepreneurs avec des programmes de mentorat, des formations et un accès privilégié à son réseau d'experts.

- *France Travail* : avec l'évolution du marché de l'emploi, la création d'entreprise est devenue une voie de plus en plus empruntée par les demandeurs d'emploi pour développer leur employabilité. Les conseillers de France Travail jouent ainsi un rôle dans l'accueil, l'accompagnement et l'orientation des porteurs de projet. Ils aident les entrepreneurs en devenir à structurer leurs idées, à identifier les opportunités de financement et à naviguer dans les démarches administratives. De plus, les aides à la création d'entreprise que France Travail alloue à ses allocataires sécurisent fortement le passage à l'acte des entrepreneurs et participent à la dynamique entrepreneuriale globale positive en France.
- *Les Chambres de commerce et d'industrie (CCI) et les Chambres de métiers de l'artisanat (CMA) :* elles continuent de jouer un rôle clé, que cela soit pour aider les entrepreneurs à peaufiner leur projet, trouver des financements ou naviguer dans les dédales administratifs. Leur expertise reste un pilier pour ceux qui cherchent à se lancer.
- *Les associations locales d'accompagnement* : un nombre croissant d'associations locales jouent un rôle fondamental dans le soutien quotidien des porteurs de projet. Ces structures, souvent au plus près des territoires, offrent un accompagnement personnalisé, des conseils pratiques et facilitent les connexions avec les réseaux locaux de financement et de partenaires.
- *Les organismes de formation et/ou de bilan de compétences* : ces structures aident les futurs entrepreneurs à évaluer leurs compétences, à mieux comprendre leurs forces et faiblesses, et à se repositionner sur le marché. Pour ceux qui envisagent de créer leur propre entreprise, ce travail d'introspection est fondamental pour structurer un projet viable et en adéquation avec leurs aspirations personnelles.
- *Les incubateurs et accélérateurs* : que serait l'entrepreneuriat sans ces lieux où se concentrent les idées qui ont le potentiel de changer la donne ? Prenez Station F à Paris : plus de 3 000 stations de travail, des mentors qui ne comptent plus leurs heures et des investisseurs prêts à parier sur les pépites de demain. Ces incubateurs sont souvent spécialisés par secteur, ce qui permet aux entrepreneurs de bénéficier d'une expertise ultra-pointue et de se retrouver au cœur de synergies créatrices.

- *Les réseaux de business angels* : France Angels, par exemple, a vu ses membres financer plus de 500 projets en 2024, injectant quelque 300 millions d'euros dans des start-up qui en avaient cruellement besoin pour démarrer. Mais ils ne se contentent pas de lâcher des billets : ils apportent aussi du mentoring, ce petit supplément d'âme qui aide à éviter les erreurs de débutants.
- *Les cabinets de reclassement et d'outplacement* : face à la montée des reconversions professionnelles, ces cabinets ont su se spécialiser dans l'accompagnement des repositionnements professionnels, y compris la création d'entreprise. Ils offrent aux salariés en transition une nouvelle voie en leur fournissant des outils concrets pour se lancer dans l'entrepreneuriat, que ce soit via le coaching ou des formations spécifiques.
- *Les experts-comptables* : véritables partenaires stratégiques des entrepreneurs, les experts-comptables jouent un rôle clé dans la structuration des projets. Ils accompagnent les porteurs d'idées dans la création des prévisionnels financiers, la gestion comptable et le choix du statut juridique. Leur expertise garantit une base financière saine, essentielle à la réussite de tout projet entrepreneurial.
- *Les chargés de clientèle professionnels dans les banques* : ces acteurs sont essentiels dans la vie des entrepreneurs, notamment au moment de la recherche de financements. Ils évaluent la viabilité financière des projets et conseillent sur les meilleures options de prêts ou d'aides disponibles. Leur expertise est particulièrement précieuse pour sécuriser les premières étapes du développement d'une entreprise.

Vers un futur entrepreneurial solide

Ces dernières années, les professionnels de l'accompagnement ont joué un rôle central en aidant non seulement à structurer les projets, mais aussi à connecter les bonnes personnes, ouvrant des portes essentielles pour la réussite des créateurs d'entreprise.

Face à un marché de plus en plus exigeant, marqué par des attentes croissantes en matière de reconversion et d'indépendance, vous ne vous contentez plus d'apporter des connaissances techniques. Vous insufflez une énergie positive à chaque étape du parcours entrepreneurial et permettez aux créateurs d'aller au-delà de simples aspirations.

En somme, cet écosystème continue d'évoluer, soutenu par des acteurs engagés qui partagent une même vision : accompagner, soutenir et faire grandir les entrepreneurs d'aujourd'hui pour construire les succès de demain. Grâce à cet accompagnement bienveillant et personnalisé, l'avenir de l'entrepreneuriat en France est non seulement prometteur, mais bien préparé pour relever les défis d'un marché global en constante mutation.

Chapitre 2

Mettre en place les bonnes modalités d'accompagnement

GUIDER L'ENTREPRENEUR : LES FORMES D'ACCOMPAGNEMENT

Un accompagnement efficace, c'est avant tout un accompagnement personnalisé. Chaque entrepreneur est unique, chaque projet est différent. Aujourd'hui, l'accompagnement doit être taillé sur-mesure pour s'aligner aux besoins et à la situation personnelle et professionnelle de chaque porteur de projet.

L'effectuation : agir avec ce que l'on a sous la main

L'effectuation, qui trouve son origine dans les travaux de recherche de Saras Sarasvathy et qui a également été la thématique du célèbre livre de Philippe Silberzahn, *L'effectuation, les principes de l'entrepreneuriat pour tous* (Pearson, 2014), repose sur une approche pragmatique : on avance avec ce qu'on a, ici et maintenant. Plutôt que de tout planifier dans les moindres détails, l'entrepreneur commence donc par évaluer ses ressources (ses compétences, son réseau) et crée des opportunités au fur et à mesure.

En résumé, l'effectuation repose sur cinq grands principes.

1. « Un tiens vaut mieux que deux tu l'auras » : on mise sur ce qu'on a sous la main.
2. « La perte acceptable » : on ne parie que sur ce qu'on est prêt à perdre.
3. « Le patchwork fou » : on intègre des partenaires en chemin, en cocréant.
4. « La limonade » : on transforme les imprévus en opportunités.
5. « Le pilote dans l'avion » : c'est l'entrepreneur qui est aux commandes, pas le marché.

C'est une approche idéale pour ceux qui évoluent dans l'incertitude ou avec des moyens limités, pour avancer pas à pas.

Le *lean startup* : tester, mesurer, ajuster

Le *lean startup* a été popularisé par Eric Ries. Ici, l'idée est simple : on teste rapidement, on apprend, on ajuste. Pas besoin de développer un produit parfait dès le début ! On crée un MVP (*Minimum Viable Product*), un prototype simplifié qu'on met entre les mains des clients pour obtenir un maximum de retour (cf. partie 4). Le processus est alors cyclique :

- construire : on lance une version basique du produit ;
- mesurer : on récolte des données réelles et on analyse les retours ;
- apprendre : on décide de pivoter ou de persévérer en fonction des résultats.

L'objectif ? Minimiser les risques et éviter de gaspiller des ressources sur des idées qui ne marcheraient pas. C'est une méthode ultra-pragmatique pour ceux qui cherchent à innover rapidement tout en restant flexibles.

Comparaison des deux approches pour choisir la bonne

Que vous penchiez pour l'effectuation ou le *lean startup*, les deux méthodes partagent des points communs : elles valorisent l'action, l'expérimentation et l'adaptation. Mais leur application dépend du contexte :

- l'effectuation convient mieux à ceux qui démarrent avec peu de moyens et veulent maximiser ce qu'ils ont sous la main ;
- le *lean startup* est parfait pour ceux qui veulent tester rapidement des idées innovantes dans des environnements incertains.

L'important est de savoir rester flexible et d'accompagner la stratégie du créateur au fur et à mesure de la construction de son projet.

La digitalisation de l'accompagnement

Avec l'avènement du numérique, l'accompagnement entrepreneurial a connu une révolution silencieuse mais profonde. Aujourd'hui, des plateformes en ligne, des webinaires interactifs et des programmes d'accélération 100 % virtuels redéfinissent les codes. Ces solutions digitales ne remplacent pas les approches traditionnelles, mais les complètent et les enrichissent. Elles apportent une flexibilité et une accessibilité inédites, permettant aux entrepreneurs de se former et de recevoir des conseils où qu'ils soient, au moment qui leur convient le mieux.

Le digital ne se limite toutefois pas à rendre l'accompagnement plus pratique : il le transforme en une expérience sur-mesure, où chaque entrepreneur progresse à son rythme, selon ses besoins spécifiques. Dans un monde en perpétuelle mutation, cette agilité est devenue une nécessité.

Les outils digitaux ouvrent donc de nouvelles possibilités pour l'accompagnement, notamment :

- *l'instantanéité* : les entrepreneurs peuvent accéder à des ressources et des experts en temps réel, sans contrainte de déplacement ;
- *une approche centrée sur les données* : les plateformes modernes intègrent généralement des tableaux de bord et des outils d'analyse, permettant un suivi plus précis des progrès et des besoins ;

- *un apprentissage interactif* : grâce aux webinaires et autres formats collaboratifs, les entrepreneurs ne se contentent plus d'écouter, ils échangent, testent et adaptent leurs connaissances immédiatement.

Plutôt qu'une rupture avec le passé, la digitalisation est une évolution qui enrichit les pratiques, permettant d'élargir l'impact de l'accompagnement entrepreneurial tout en le rendant plus accessible et plus personnalisé.

METTRE EN MOUVEMENT L'ENTREPRENEUR

À chaque situation sa solution et chaque mauvais choix entraîne une perte de temps, voire d'argent, ce qui peut, en bout de ligne, être nuisible au succès de l'entreprise. Être le plus efficace possible dans la conduite de ce projet sera la clé pour transformer une idée en une entreprise solide.

En personnalisant l'approche, vous maximiserez les chances de succès. L'accompagnement n'est plus juste une série de rendez-vous, il devient un véritable partenariat stratégique où chaque action est alignée avec les objectifs de l'entrepreneur. Ce que vous devez toujours avoir en tête ? Vous êtes *la* personne qui aide constamment le créateur d'entreprise à rester en mouvement.

Transformer l'idée en projet

L'entrepreneuriat commence souvent par une idée. Mais pour transformer cette idée en succès, l'action est indispensable. Beaucoup de porteurs de projet se heurtent alors au syndrome de la feuille blanche, paralysés par l'ampleur des décisions à prendre ou par la peur de mal faire. Ils s'imaginent qu'il faut tout prévoir avant de se lancer, alors qu'en réalité, l'entrepreneuriat est un apprentissage qui s'acquiert en marchant.

- *Passer du « je veux » au « je fais »* : votre rôle est de briser cette inertie en aidant les porteurs de projet à se mettre en mouvement, même s'ils ne se sentent pas totalement prêts. Créer une entreprise ne se fait pas uniquement derrière un écran, à rédiger des business plans ou des études de marché. Ces étapes sont importantes, mais elles ne remplacent pas l'expérience du terrain. Parler à des prospects, tester une idée, recueillir des retours : voilà ce qui permet d'affiner un projet et de le rendre viable. Mieux vaut avancer, quitte à commettre des erreurs, que de rester figé par peur de se tromper.

- *Faire, même imparfaitement* : au lieu de chercher la perfection dès le départ, il est essentiel d'encourager l'entrepreneur à agir. L'immobilisme est souvent plus dangereux que de commettre des erreurs, car celles-ci apportent des enseignements précieux. Une étude de marché a bien plus de valeur si elle inclut des échanges directs avec les clients potentiels, plutôt que de rester sur une hypothèse théorique. Votre mission est d'expliquer qu'une stratégie peut et doit évoluer, mais que cela ne peut se faire que si elle est mise en œuvre.
- *Instaurer une dynamique par des objectifs concrets* : pour instaurer une dynamique d'action, aidez le porteur à découper son projet en objectifs simples et atteignables. Plutôt que de lui demander de formaliser une stratégie complexe, proposez-lui des tâches concrètes, comme rencontrer cinq prospects ou tester son produit auprès d'un petit groupe. Ces premières actions, même modestes, créent une énergie positive qui nourrit la confiance et favorise l'apprentissage.
- *Sortir du syndrome de la feuille blanche* : l'entrepreneuriat, ce n'est pas attendre d'être parfaitement prêt. C'est accepter de commencer, d'apprendre et de s'adapter au fil du chemin. Votre rôle en tant que conseiller est de transformer la paralysie initiale en un mouvement constant. Grâce à vous, les porteurs de projet cessent de dire « j'aimerais… » et commencent à dire « je fais ». Avec chaque action, ils progressent, se structurent et bâtissent les bases de leur succès entrepreneurial.

Aider au développement d'un mindset entrepreneurial

Le mindset entrepreneurial est la clé qui permet non seulement de commencer, mais aussi de perdurer dans son parcours d'entrepreneur. Ce n'est donc pas une question de compétences techniques. Votre rôle est ainsi d'aider les entrepreneurs à adopter une attitude proactive, orientée vers la résolution de problèmes. Vous leur apprenez à gérer l'incertitude, à faire preuve de créativité face aux obstacles et à rebondir après un échec. En résumé, vous ne leur montrez pas seulement comment faire, mais aussi comment penser et réagir face aux défis entrepreneuriaux. Attention, le mindset entrepreneurial n'est pas une recette magique. C'est plutôt un ensemble de caractéristiques que chacun peut développer à sa façon. Vous devez ainsi identifier les traits suivants chez ceux que vous accompagnez et les aider à les renforcer.

- *Orientation vers les objectifs* : établissez des objectifs clairs, précis et réalisables. Vous aidez les entrepreneurs à découper leur parcours en étapes concrètes pour que chaque petite victoire les rapproche de leur but.
- *Maîtrise du risque* : vous apprenez à l'entrepreneur à anticiper les risques. Il n'a pas besoin d'une boule de cristal, mais il doit savoir évaluer les risques, qu'ils soient financiers, opérationnels ou liés au marché pour y apporter les solutions appropriées.
- *Persévérance et résilience* : l'échec, ce n'est pas la fin du monde ; ce n'est même qu'un chapitre dans le parcours de l'entrepreneur. Vous lui montrez que chaque échec est une leçon et que la clé est de se relever avec encore plus de force.
- *Faire avec ce que l'on a* : avec peu de ressources, on peut faire des miracles. Vous montrez aux entrepreneurs comment tirer parti de ce qu'ils ont déjà sous la main, les encourageant à créer des opportunités avec les moyens à disposition.
- *Apprentissage autodidacte* : les entrepreneurs sont en constante évolution. Aidez-les à devenir complètement autonomes, à apprendre par eux-mêmes et à rester curieux dans un monde où tout bouge à une vitesse folle.
- *Flexibilité et adaptabilité* : les plans rigides ne survivent pas dans l'environnement entrepreneurial. Vous apprenez aux entrepreneurs à s'adapter en permanence, que ce soit à de nouvelles réalités du marché ou à leurs propres limites.
- *Créativité pratique* : il ne s'agit pas tant de trouver une idée révolutionnaire, mais plutôt des solutions innovantes face aux défis du quotidien. Vous montrez aux entrepreneurs comment penser hors des sentiers battus pour résoudre les problèmes. *Think out of the box* !

- *Vaincre le syndrome de l'imposteur* : parler de son entreprise au conditionnel (« j'aimerais », « je pourrais ») renvoie un message d'incertitude qui peut nuire à la crédibilité. Très souvent, consommateurs et partenaires suivent ceux qui inspirent confiance et projettent une image assurée et ce, dès les premières minutes du projet.

Assiduité et adaptation : les clés du succès

Enfin, un accompagnement assidu est le facteur principal de réussite pour les entrepreneurs. Votre rôle ne se limite pas à leur donner des conseils, mais à les mettre en mouvement, à les faire avancer sur la voie de la concrétisation de leur projet. Cela implique une grande force de proposition et une adaptation constante de votre posture en fonction des besoins spécifiques de chaque entrepreneur. C'est en étant à leurs côtés, en les challengeant de manière constructive et en leur donnant les outils pour se dépasser que vous maximisez leurs chances de réussite.

LA MÉTHODE SPIRALE : PLACER L'HUMAIN AU CENTRE DE SON APPROCHE

L'accompagnement entrepreneurial n'est donc pas juste une question de conseils bien placés. C'est une question de méthodes, d'outils et aussi d'adaptabilité. Les entrepreneurs d'aujourd'hui naviguent dans un environnement où les certitudes sont rares et où les opportunités se trouvent souvent là où on ne les attend pas. Ainsi, votre accompagnement ne peut être linéaire : car tous les aspects de développement d'un projet changent en permanence et sont interconnectés. Dans ce contexte, la méthode Spirale, adoptée par CréActifs, se démarque en offrant une approche itérative et flexible, conçue pour transformer les projets en réussites solides. Complétée par des méthodes comme l'effectuation et le *lean startup*, la Spirale permet de progresser de manière constante, en revenant régulièrement sur chaque étape du projet pour ajuster, affiner et perfectionner.

Présentation de la méthode Spirale

Qu'est-ce que la méthode Spirale vous apportera concrètement ? Elle n'est pas une simple théorie de plus dans votre méthode d'accompagnement. Non. Son but est de vous donner un vrai cadre pour orienter vos entrepreneurs, pour les guider avec précision et pour les aider à passer à l'action, encore et encore. Que les entrepreneurs soient en phase de création d'entreprise ou en phase de développement, la méthode Spirale permet de comprendre et de s'adapter aux besoins uniques de chaque entrepreneur, de maîtriser l'art de la première rencontre, de dépasser les obstacles et de limiter les blocages psychologiques.

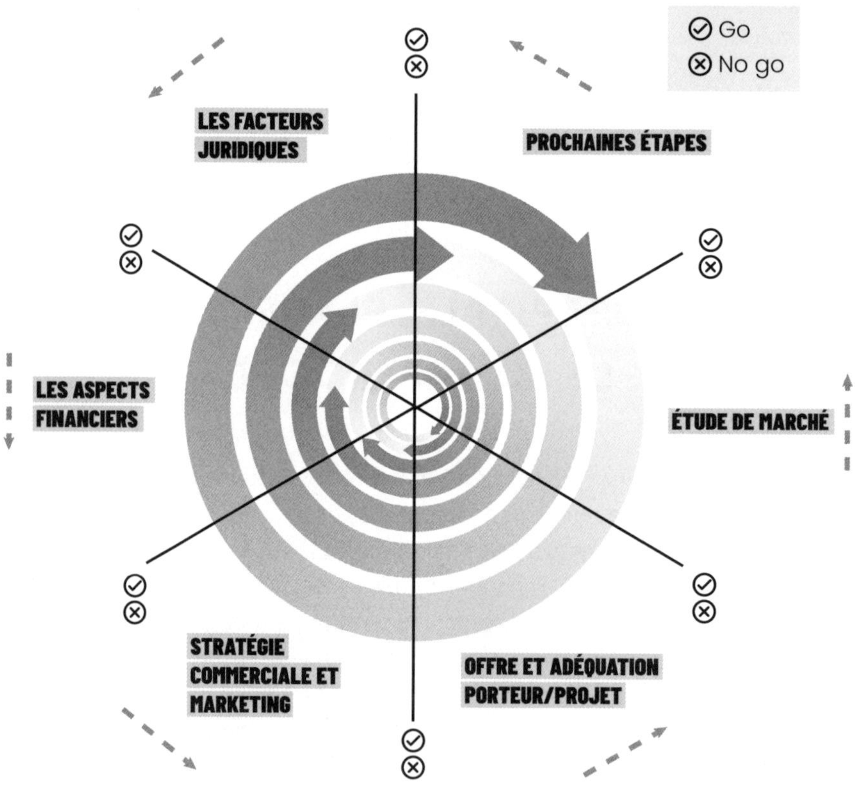

Figure 2.1 – La méthode Spirale

Source : CréActifs.

Son objectif ultime ? Mettre en place un accompagnement pérenne et de qualité, peu importe qui prend le relais. La méthode Spirale permet de maintenir un haut niveau d'exigence dans votre travail, en vous donnant les moyens de vous auto-évaluer, de mesurer vos compétences et votre posture d'accompagnant, et d'ajuster votre approche en fonction des résultats obtenus avec vos porteurs. Chaque étape de cette méthode contient des critères de qualité clairs, pour que vous puissiez constamment mesurer l'efficacité de votre accompagnement.

Un parcours d'accompagnement en mouvement

Commençons par les bases : la méthode Spirale est l'opposé d'une ligne droite. On ne se contente pas de suivre une *to-do list* étape par étape. L'entrée peut se faire indifféremment par une des six étapes. On fait ensuite passer en revue tous les aspects de l'entreprise par microcouches pour créer des fondations solides. En procédant de la sorte, vous éviterez que votre entrepreneur découvre un obstacle infranchissable à la fin du parcours.

Un point clé de cette méthode est ainsi de comprendre que tous les aspects d'une entreprise sont profondément interconnectés. Modifier un élément, comme la cible clientèle, peut avoir un impact sur le produit, le prix ou encore la communication. Traiter un seul aspect sans tenir compte des autres est le meilleur moyen pour devoir tout recommencer systématiquement et ne jamais réellement avancer. C'est pour cela que la méthode Spirale avance par cycles : chaque cycle traite tous les aspects du projet jusqu'à ce que le cycle soit équilibré.

Notez par ailleurs que chaque mission qui découle de la méthode Spirale doit être la plus courte possible et tournée sur l'action plutôt que sur la réflexion. Autrement dit, le porteur de projet doit au maximum aller sur le terrain, rencontrer ses futurs clients, tester ses idées plutôt que de se documenter. L'un de vos conseils ? Limiter au maximum le temps passé derrière un ordinateur, idéalement toutes les journées de travail sur un projet devraient comprendre au moins un peu de terrain.

Cette méthode Spirale est donc l'assurance d'un accompagnement dynamique et en mouvement constant. On ne se contente pas de poser un business plan sur la table et de dire « bonne chance ». Pour résumer, la méthode Spirale sert à avancer sur un projet en créant des fondations solides, maîtriser chacune des étapes, identifier les blocages puis les freins le plus tôt possible dans le projet, avoir de la flexibilité dans la conduite d'un projet, travailler sur plusieurs fronts en même temps et être capable de revenir en arrière pour réajuster les éléments du projet.

Les étapes clés de la méthode Spirale

Avant toute chose, je tiens à préciser que les tours de Spirale peuvent être infinis (et ce, quel que soit le niveau d'avancement de l'entrepreneur que vous accompagnez, qu'il en soit à la phase de l'idée, en cours de structuration du projet ou déjà entrepreneur). Pour simplifier mon propos, nous allons ici nous arrêter à trois tours, mais gardez bien en tête que vous pouvez faire autant de tours de Spirale que nécessaire.

Il est également essentiel de noter qu'il n'y a pas d'ordre strict dans les six sujets à aborder au cours des tours de Spirale. Chaque entrepreneur aborde son projet avec un prisme personnel, souvent influencé par ses compétences, ses expériences ou ses centres d'intérêt. Par exemple, certains commenceront naturellement par travailler leur produit ou leur stratégie marketing, tandis que d'autres se focaliseront sur les aspects financiers ou juridiques. Cependant, cette focalisation initiale peut laisser des angles morts sur d'autres dimensions tout aussi cruciales du projet.

Votre rôle, en tant que conseiller, est donc double. D'une part, vous devez guider le porteur de projet vers une analyse complète des autres aspects non abordés pour éviter de construire un projet déséquilibré. D'autre part, il est tout aussi important de respecter le point de départ initial de l'entrepreneur, en le mettant en mouvement à partir de ses forces. Si un entrepreneur excelle dans le développement produit ou le marketing, mais redoute les chiffres, inutile de le confronter immédiatement à des tableaux financiers. Accompagnez-le plutôt dans les domaines où il est à l'aise pour qu'il puisse accumuler des petites victoires et se mettre en mouvement. Une fois qu'il sera en mouvement, vous pourrez l'orienter vers les sujets qu'il aura occultés. Il est fortement déconseillé de faire travailler un entrepreneur sur des aspects sur lesquels il n'est pas à l'aise avant qu'il ne soit en mouvement.

Un autre point clé de la méthode Spirale est le calibrage de chaque étape et cycle qui doit être judicieusement choisi pour ne pas être trop important au risque de paraître sans fin et nuire à la motivation de l'entrepreneur. Contrairement à l'idée qu'il faudrait atteindre une version « parfaite » de l'entreprise avant de se lancer (passer d'une roue à un squelette de voiture, puis à une voiture presque finie et enfin à une version aboutie), l'entrepreneuriat est un chemin jalonné de petites victoires. Imaginez plutôt : on commence par un skate, qui devient une trottinette, puis un scooter. On passe ensuite à une moto, un quad et enfin à une voiture – chaque étape permet de se confronter à des clients et d'en retirer des apprentissages qui seront extrêmement importants pour la version suivante. Ainsi, les progrès sont concrets et apportent satisfaction et motivation à l'entrepreneur.

Cette approche illustre également parfaitement l'importance des MVP (*Minimum Viable Products*) et des micro-validations. L'entrepreneur teste une idée simple sur le terrain, obtient des retours concrets, ajuste, puis passe à l'étape suivante. Ces validations successives permettent de construire un projet solide sans attendre une perfection illusoire. En tant que conseiller, votre rôle est d'aider l'entrepreneur à définir ces micro-étapes avec clarté, en alignant chaque validation sur des objectifs concrets et atteignables. Cela assure une progression constante et nourrit la confiance du porteur de projet, tout en restant fidèle à l'esprit itératif de la méthode Spirale. Et c'est précisément cette logique que vous allez retrouver dans les différentes étapes de la Spirale : un cheminement progressif, structuré et orienté vers l'action, où chaque phase apporte son lot de validations et d'apprentissages.

Étude de marché

Tour 1 – Basique. Lors de cette première itération, l'objectif est simple : initier le porteur à l'analyse de marché pour qu'il saisisse les grandes tendances et identifie les segments clés. Invitez-le à collecter les données de base : quelles sont les principales caractéristiques démographiques et géographiques du marché cible ? Quels sont les premiers besoins des clients ? L'idée est de bénéficier d'une vue d'ensemble pour comprendre les grandes logiques.

Tour 2 – Succinct. On creuse plus loin. Encouragez le porteur à explorer les sous-segments de marché et à comprendre le comportement des clients : quelles sont leurs préférences ? Quels sont les concurrents directs et indirects ? Il faut impérativement commencer à rencontrer des prospects dès ce stade. Utilisez des enquêtes, des entretiens ou des sondages pour affiner cette compréhension, construisez le persona du client idéal (cf. partie 3).

Tour 3 – Détaillé. On passe à l'offensive avec une approche détaillée. Encouragez l'entrepreneur à révéler des opportunités de niche en fouillant les données de façon exhaustive. Appuyez-vous sur une analyse SWOT[2] pour mettre en place une stratégie qui guidera les décisions à venir. C'est ici que l'étude de marché prend tout son sens, en orientant le projet vers des segments à fort potentiel.

Offre et adéquation porteur/projet

Tour 1 – Basique. Invitez le porteur à définir les contours de son offre idéale à moyen terme : quels sont les produits ou services proposés ? Qu'est-ce qui fait sa force ? Quels sont ses envies, valeurs et besoins ?

Tour 2 – Succinct. Ici, il s'agit de choisir ce qui peut être la première offre. Aidez-le à clarifier sa proposition de valeur unique et à imaginer un premier *Minimum Viable Product* (MVP). Toute la problématique est d'obtenir des micro-validations sur les caractéristiques de son offre le plus rapidement possible. Quelles sont ses compétences, qualités qui peuvent être mises en œuvre ? Avec quels partenaires travailler ?

Tour 3 – Détaillé. Encouragez le porteur à tester les caractéristiques spécifiques de ses produits ou services pour qu'elles soient alignées sur le marché : quel est l'avantage compétitif ? Ce tour est dédié à donner de la consistance à l'offre, à la rendre plus précise et plus attractive. Incitez l'entrepreneur à développer des propositions différenciées pour chaque segment cible et à formaliser le tout dans un Business Model Canvas (BMC). L'objectif ? Une offre dont les caractéristiques essentielles sont déjà pré-validées. Cela répond-il à la stratégie personnelle de l'entrepreneur ? Cela lui permet-il d'exploiter ses talents ?

Stratégie commerciale et marketing

Tour 1 – Basique. Identifiez avec l'entrepreneur comment il pense commercialiser ses produits ou services. À ce stade, il est impératif de se reposer sur des aspects que l'entrepreneur maîtrise. Évitez toutes stratégies qui dépendent d'un acteur externe. Comment l'entrepreneur peut-il réaliser ses premières ventes ? Amis, famille, anciens employeurs, anciens collègues, l'objectif n'est pas de mettre en place une stratégie qui va être reproductible à l'infini. Le but est de trouver ce qui peut être fait immédiatement et qui participera à

2. *Strengths, Weaknesses, Opportunities, Threats* (Forces, Faiblesse, Opportunités, Menaces).

la validation d'hypothèses toujours plus précises. La problématique de beaucoup de nouveaux entrepreneurs est de penser trop grand trop vite... Viser les étoiles : OK, mais d'abord il faut trouver les premiers clients sans quoi il n'y aura jamais de suite.

Tour 2 – Succinct. Passez en revue les canaux de vente les plus évidents. Quelle sera la première stratégie marketing ? Encouragez l'entrepreneur à établir des premières hypothèses et à les valider avec des petits tests. Ce tour sert à poser les premières pierres de la stratégie commerciale. Incitez également le porteur à identifier les canaux de communication qu'il peut utiliser dès maintenant pour générer ses premiers prospects. Bien des actions de communication ne nécessitent pas d'avoir une entreprise pour être réalisées !

Tour 3 – Détaillé. Passez à l'optimisation. Explorez d'autres canaux de vente et affinez la stratégie marketing avec des KPI[3] précis pour mesurer l'impact des actions. C'est le moment de tester, de mesurer et d'ajuster en fonction des résultats concrets. Identifiez les canaux qui permettront de générer les prochains prospects hors amis et famille. L'objectif est de choisir les canaux les plus simples à utiliser avec le plus d'impact possible.

Aspects financiers

Tour 1 – Basique. Quels sont les niveaux de rentabilité du secteur ? Quels sont les besoins en investissement initiaux du secteur ? Est-ce que cette rentabilité et ce besoin en investissement initial sont en adéquation avec la situation de l'entrepreneur ? Quelle est la rémunération souhaitée ? Quels sont les premiers postes de charges ? Par exemple, si un entrepreneur souhaite gagner 2 000 €/mois et qu'il a 5 000 € d'économies à consacrer à son projet, sa typologie de projet lui permet-elle de générer ce niveau de rémunération ? Ce niveau d'investissement est-il suffisant pour pouvoir lancer ce type de projet ?

Tour 2 – Succinct. Orientez le porteur vers l'identification de ses besoins financiers initiaux. Ainsi il identifiera les montants nécessaires au lancement de son projet. Évaluez ensuite les grands postes de produits et de charges pour déterminer la rentabilité du projet. À ce stade, le porteur doit comprendre l'articulation des chiffres plutôt que de réaliser un prévisionnel précis. En effet, nul besoin de connaître à l'euro près le montant des charges. Cependant,

3. *Key Performance Indicators* (indicateurs clés de performance).

les hypothèses de chiffre d'affaires (CA) doivent être le plus détaillées possibles. Faites travailler le porteur sur sa modélisation : comment se réalise le chiffre d'affaires, quels sont les coûts directs (variables) ? Travaillez de façon empirique pour comprendre la mécanique de constitution du CA : même s'il est parfois compliqué d'avoir des certitudes, il est possible d'émettre des hypothèses dont une grande partie des postes de produit qui les constituent a fait l'objet de validations.

Tour 3 – Détaillé. Affinez les hypothèses de CA, décomposez le CA en ligne de produits et réalisez des hypothèses toujours plus précises même si, dans les faits, elles seront par nature imparfaites. Travaillez les sources de financement externes (prêts, subventions...), réalisez un plan de financement initial et un compte de résultat prévisionnel. Réfléchissez à des scénarios financiers anticipant les incertitudes, en intégrant des marges de sécurité. Pensez à mettre à jour votre outil de prévisions financières pour permettre d'ajuster rapidement les données et les faire évoluer, pour qu'il soit un outil de suivi de l'activité dès le démarrage.

Aspects juridiques

Tour 1 – Basique. Un diplôme ou une qualification particulière sont-ils nécessaires pour exercer cette activité ? Quelles sont les contraintes juridiques du secteur ? Quelles sont les différentes solutions pour respecter la réglementation ? La source d'information la plus fiable pour trouver ce type d'information est la base des activités réglementées de Bpifrance[4].

Tour 2 – Succinct. Confrontez les différentes hypothèses de solutions juridiques au terrain. Parfois, derrière une contrainte juridique perçue comme insurmontable pour un non initié, il y a des solutions opérationnelles que seuls les professionnels du secteur connaissent.

Tour 3 – Détaillé. Dans le cas où un flou juridique persiste sur certains aspects du projet, vous pouvez pousser plus loin les rencontres de professionnels du secteur ou éventuellement consulter un professionnel du droit. Attention : les professionnels de droit non spécialisés sur un secteur n'auront pas forcément connaissance des solutions opérationnelles sur un secteur sur lequel ils n'ont pas une expertise fine.

4. *https://bpifrance-creation.fr/entrepreneur/activites-reglementees*

Prochaines étapes

Tour 1 – Basique. Faites énoncer un premier plan d'action. L'horizon pour le démarrage, la recherche d'un local, les contacts avec des professionnels...

Tour 2 – Succinct. Expliquez la nécessité d'établir un planning avec des actions, des livrables et des personnes en charge pour entrer en mode projet

Tour 3 – Détaillé. Assurez-vous que les étapes du projet sont maîtrisées et sous contrôle.

EN PRATIQUE

Claire, future restauratrice

Pour illustrer la méthode Spirale, prenons l'exemple de Claire, passionnée de cuisine, mais novice en gestion d'entreprise. Claire a une idée précise de son concept de restaurant, mais elle a besoin de structurer son projet et de déterminer les étapes pour concrétiser son rêve. Votre rôle ? L'accompagner avec flexibilité et adapter votre approche à ses besoins spécifiques.

Quel cadre d'accompagnement proposeriez-vous à Claire pour son projet de création d'entreprise ?

a) Un cadre flexible qui s'adapte à ses besoins spécifiques et à l'évolution de son projet.
b) Un cadre rigide avec des étapes préétablies à suivre strictement.
c) Un cadre centré sur des directives strictes pour assurer une progression linéaire.

Réponse : *a. Chaque entrepreneur a des besoins et des défis uniques. En choisissant un cadre flexible, vous montrez que vous comprenez l'importance d'adapter votre approche à Claire et à son projet, ce qui la rendra plus confiante et motivée tout au long de son parcours entrepreneurial.*

↓

Quels types de questions poseriez-vous à Claire lors du premier rendez-vous pour mieux comprendre son projet de création d'entreprise ?

a) Des questions fermées visant à obtenir des réponses simples.

b) Des questions ouvertes l'encourageant à s'exprimer librement sur son projet.

c) Des questions théoriques sur des sujets non pertinents pour son projet.

Réponse : *b. Les questions ouvertes permettent à Claire de partager ses idées, ses inquiétudes et ses motivations. Vous créez un espace de confiance et favorisez un échange constructif, essentiel pour cerner ses besoins et l'orienter correctement.*

Comment évalueriez-vous les forces et faiblesses de Claire lors du premier rendez-vous ?

a) En lui demandant de fournir un CV détaillé.

b) En ne tenant compte que des compétences qu'elle mentionne explicitement.

c) En l'observant attentivement et en notant ses compétences clés pendant la discussion.

Réponse : *c. Ne vous limitez pas aux compétences que Claire évoque explicitement. Elle n'a certainement pas conscience de toutes les compétences qu'elle possède. Observez attentivement ses réactions, ses hésitations et ses atouts cachés. Cette analyse vous permettra de personnaliser votre accompagnement et d'encourager Claire à développer ses points forts.*

Quelles caractéristiques du mindset entrepreneurial aimeriez-vous développer chez Claire lors de votre accompagnement ?

a) La peur de l'échec.

b) La persévérance et la résilience.

c) La recherche de la sécurité à tout prix.

Réponse : *b. En cultivant la persévérance et la résilience, vous aidez Claire à transformer les obstacles en opportunités. Ces qualités sont indispensables pour faire face aux imprévus et rebondir après les échecs, deux réalités incontournables de l'entrepreneuriat.*

↓

Quelle approche adopteriez-vous pour aider Claire à identifier les freins qui pourraient entraver son projet entrepreneurial ?

a) Lui fournir une liste de problèmes courants sans l'encourager à s'auto-évaluer.
b) Encourager l'auto-évaluation en lui posant des questions ouvertes sur ses défis et blocages potentiels.
c) Lui donner des solutions toutes faites pour surmonter les obstacles.

Réponse : *b. En incitant Claire à réfléchir à ses propres blocages, vous favorisez son autonomie et son engagement dans le processus. Cela renforce aussi sa capacité à surmonter les obstacles par elle-même, une compétence précieuse dans son parcours entrepreneurial.*

En résumé

Pour que Claire réussisse dans sa création d'entreprise, vous devez lui offrir un accompagnement sur-mesure, souple et réactif. Travailler avec elle pour développer un plan d'action, faciliter ses connexions avec des professionnels de son secteur et l'encourager à se former régulièrement, sont autant d'éléments clés. Suivez ses progrès, ajustez votre approche et soyez le guide dont elle a besoin pour transformer son idée en succès.

La méthode Spirale : un outil pour tous les entrepreneurs

La méthode Spirale est plus qu'une simple méthodologie : c'est une philosophie d'accompagnement qui permet aux porteurs de projet que vous accompagnez de naviguer dans l'incertitude avec assurance et agilité. Que le créateur soit un entrepreneur en herbe ou un professionnel en reconversion, cette méthode offre une approche pour l'aider à faire évoluer son projet à chaque étape de son développement. Elle transforme les obstacles en opportunités et les erreurs en apprentissages, tout en gardant le créateur constamment en mouvement vers ses objectifs.

En somme, la méthode Spirale invite à ne jamais se reposer sur ses acquis, à continuellement revisiter les différentes dimensions, ajuster et perfectionner le projet de l'entrepreneur. C'est cette dynamique itérative qui permet à l'entrepreneur non seulement de rester compétitif, mais aussi de construire une entreprise résiliente, capable de s'adapter aux changements et de prospérer dans un environnement complexe.

Et rappelez-vous : dans le monde de l'entrepreneuriat, ce n'est pas celui qui court le plus vite qui gagne, mais celui qui sait faire évoluer son parcours au fur et à mesure, spirale après spirale.

Partie 2

LE DIAGNOSTIC PROJET ENTREPRENEURIAL

Chapitre 3

Adapter sa posture au porteur de projet

LE PREMIER CONTACT : ÉCOUTER, CERNER ET GUIDER

Je vous le dis d'emblée, le premier rendez-vous avec un porteur de projet est bien plus qu'un simple échange d'informations. C'est le moment où l'on commence, où l'on établit le socle d'une collaboration qui pourrait s'étendre sur des semaines, voire des mois. Cet entretien initial pose les bases d'un accompagnement réussi et donne l'occasion de montrer que vous comprenez les enjeux, les besoins et les attentes du porteur de projet. Mais bien souvent, le futur entrepreneur arrive avec des idées, des ambitions, parfois des doutes et des peurs. Votre rôle dès ce premier échange ? Lui offrir un cadre structuré, une écoute attentive et des premiers repères clairs pour avancer.

Ainsi, pour que l'accompagnement soit efficace, le premier rendez-vous doit inclure un diagnostic complet du projet. Ce diagnostic se structure autour de plusieurs axes : l'adéquation porteur/projet, l'étude de marché, la faisabilité économique et juridique, et le modèle économique. Il permettra de déterminer le niveau d'avancement du projet et si l'entrepreneur en est au stade de l'idée, s'il a commencé à structurer son projet ou s'il est déjà entrepreneur. Il ne s'agit pas d'être un expert du secteur entrepreneurial, mais d'adopter la bonne posture et d'identifier les motivations, freins, forces et faiblesses du porteur de projet. En posant des questions ciblées et en écoutant activement, vous établissez une relation de confiance et posez les bases d'un plan d'action adapté.

Connaître vos limites est également essentiel pour savoir quand orienter le porteur vers un autre expert. Une veille entrepreneuriale régulière vous permettra de mieux comprendre les tendances et d'ajuster votre accompagnement. Un diagnostic clair et précis maximisera les chances de succès en donnant au porteur une feuille de route concrète pour avancer sereinement.

Ce rendez-vous (d'une heure idéalement) est donc l'opportunité pour vous de capter l'essence du projet et de cerner la vision du porteur, tout en l'aidant à exprimer ce qu'il souhaite accomplir. En posant les bonnes questions et en restant à l'écoute de ce qui est dit – mais aussi de ce qui est sous-entendu –, vous commencez à dessiner ensemble le parcours à venir. Vous posez les jalons, ajustez les attentes et insufflez cette confiance dont chaque porteur de projet a besoin pour faire ses premiers pas avec assurance. C'est donc le moment pour instaurer la qualité de la relation avec le porteur qui permettra d'augmenter l'efficacité de l'accompagnement.

Préparer le rendez-vous : l'art de la mise en contexte

Avant même d'entrer dans le vif du sujet, je vous invite à préparer ce premier contact. Il ne s'agit pas d'arriver avec une liste exhaustive de questions ou de se précipiter dans une série d'étapes mécaniques. La préparation est ici une question de cadre : vous devez créer un espace clair et rassurant pour le porteur de projet.

- *Définir les objectifs du rendez-vous.* Cette rencontre doit servir à comprendre le projet et à situer le porteur dans son parcours. Présentez le plan en toute transparence, pour que l'entrepreneur sache qu'il y a une feuille de route, une direction à prendre. Ce premier échange n'est pas qu'un simple diagnostic ; il s'agit aussi de crédibiliser votre rôle d'accompagnant. C'est à travers cette première mise en contexte que vous pourrez renforcer l'assurance du porteur de projet, en lui montrant que vous êtes là pour lui offrir un accompagnement structuré et réfléchi.

- *Adopter une posture d'écoute active.* Tenez-vous prêt à écouter, mais aussi à capter des détails qui peuvent sembler anodins. Parfois, une information partagée de façon spontanée peut révéler une motivation, un frein, voire un besoin caché. Cette première rencontre doit vous permettre de sentir où se trouvent les forces et les doutes pour mieux anticiper le type d'accompagnement qui sera le plus bénéfique.

Écouter, comprendre, recadrer : le cœur de l'échange

L'enjeu principal dès que le rendez-vous débute ? Laisser le porteur de projet s'exprimer librement, mais de manière cadrée. D'abord, invitez-le à parler librement de son parcours, de ses motivations et de ses objectifs. Ne vous précipitez pas vers le cœur du projet, mais laissez-lui l'espace d'expliquer d'où il vient et pourquoi il est ici. Cela peut paraître évident, mais n'oubliez pas de laisser un maximum d'espace à cette première présentation – elle vous en apprendra beaucoup sur la vision du porteur et sur la manière dont il imagine avancer.

Parallèlement, vous devez bien évidemment garder un œil sur l'état d'avancement du rendez-vous. Sans interrompre son flux, ajustez vos questions en fonction de ce que l'entrepreneur vous dit. Par exemple, s'il évoque avoir déjà établi son offre ou fait des démarches de terrain, n'hésitez pas à creuser sur ces points : quels retours a-t-il eus ? Avec quel public ? Comment perçoit-il l'intérêt du marché pour son offre ? Ces questions lui permettent de réfléchir et d'approfondir le propos, tout en vous offrant une vision plus nette de la maturité du projet.

Au fur et à mesure, guidez-le (sans tomber dans l'interrogatoire !). Utilisez des questions ouvertes du type : comment avez-vous envisagé cette étape ? À qui imaginez-vous vendre en priorité ? Quels sont les premiers obstacles que vous anticipez ? Rebondissez sur ses réponses pour aller plus loin. Vous structurez ainsi l'entretien en vous assurant de sa spontanéité. Vous orientez sans diriger, cadrez sans imposer.

Réaliser le diagnostic projet : concrètement, de quoi s'agit-il ?

Le premier rendez-vous est enfin l'occasion de réaliser un diagnostic projet complet pour cerner précisément le porteur de projet et son idée. Avant toute chose, il vous faudra situer l'avancement du projet et déterminer si l'entrepreneur en est au stade de l'idée, au stade de la structuration de l'idée ou est déjà entrepreneur. *Pour vous aider, scannez le QR Code ci-contre.*

http://dunod.link/creactifs03

Revenons-en au diagnostic projet en tant que tel. Voici un guide structuré pour mener cet entretien de manière efficace en explorant chaque axe clé du diagnostic.

Étude de marché

L'objectif est de valider l'existence d'un besoin client et de comprendre le marché cible. Les questions à poser sont les suivantes.

- Existe-t-il un marché pour votre produit/service ?
- Quels sont vos principaux concurrents et en quoi votre offre se différencie-t-elle ?
- Quels sont les besoins et attentes de vos clients potentiels ?

Encouragez le porteur à partager ses premières recherches. Proposez des outils comme la matrice SWOT pour identifier les forces, faiblesses, opportunités et menaces du marché.

Offre et adéquation porteur/projet

Le but est d'évaluer si le projet correspond au profil, aux compétences et aux contraintes personnelles du porteur. Les questions à poser sont alors les suivantes.

- Quelle est votre activité ? Quelle sera votre proposition de valeur ?
- Pourquoi souhaitez-vous créer ce projet ? Quels sont vos principaux moteurs ? Est-ce que cela répond à vos envies et valeurs ? Si oui, lesquelles ?

- Avez-vous des contraintes personnelles (temps, finance, famille, santé) qui pourraient impacter le projet ?
- Envisagez-vous de vous associer ? Si oui, avec qui et pourquoi ?

Menez cet échange avec empathie et écoute active pour identifier les motivations profondes et les éventuels freins personnels. Utilisez des questions ouvertes pour explorer ces aspects sans jugement. Par ailleurs, le rapport au temps ne doit pas être négligé dans ce diagnostic : le porteur de projet doit comprendre rapidement ses délais.

Lors du diagnostic porteur/projet, il est ainsi essentiel d'aider l'entrepreneur à confronter ses aspirations financières et ses contraintes temporelles à la réalité de son projet. Trop souvent, les porteurs de projet imaginent des revenus élevés dès les premiers mois d'activité, ce qui est rarement le cas. Votre rôle est de les guider dans cette prise de conscience et de les aider à structurer leur projet en conséquence.

Commencez par analyser les attentes financières du porteur. Une simple recherche sur les niveaux de rémunération moyens dans le secteur visé peut éclairer la discussion. Par exemple, un coach de vie gagne généralement entre 1 500 € et 3 500 € par mois. Si le porteur vise un revenu mensuel de 5 000 €, vous devez lui expliquer que ce niveau est possible, mais bien au-delà des standards du marché.

Identifiez ensuite les ressources financières actuelles et les besoins minimums du porteur :

- aides disponibles, comme l'allocation-chômage d'aide au retour à l'emploi pour les demandeurs d'emploi ;
- économies mobilisables (montant que l'entrepreneur est prêt à investir) ;
- investissement initial (l'entrepreneur a-t-il évalué les équipements et les frais nécessaires pour démarrer ?) ;
- revenu minimum vital (montant nécessaire pour couvrir les charges personnelles).

Application au cas de Lucie

Lucie dispose de 16 mois d'ARE à 1 200 € par mois (soit 19 200 €) et de 5 000 € d'économies. Ses besoins mensuels sont de 1 000 € et son projet nécessite un investissement initial léger de 1 500 €.

- Total disponible : 24 200 €
- Besoins personnels et professionnels : 1 000 €/mois + 1 500 €
- Temps disponible : 22,7 mois pour monter son activité et générer un revenu viable.

Pour aider Lucie à structurer son temps, vous devrez définir trois phases clés.

- Préparation (4 à 6 mois) : durant cette période, elle doit finaliser son projet tout en limitant les délais pour rester dans l'action et l'apprentissage.
- Montée en puissance (12 à 16 mois) : pour la grande majorité des projets, il faut 12 à 18 mois de montée en puissance minimum, d'où l'importance de ne pas rester trop longtemps dans la phase de préparation. Dans cette phase, l'entreprise doit progressivement générer un chiffre d'affaires permettant d'atteindre la rémunération cible. À savoir que pour obtenir 1 000 € nets, il faut prévoir très approximativement 1 300 € de marge brute (environ 30 % de charges sociales).
- Phase de repli (2 à 3 mois) : une marge de manœuvre pour envisager un plan B est à prévoir si l'activité n'atteint pas les objectifs.

Ce travail permet à Lucie de comprendre l'urgence et les priorités. La création d'entreprise ne doit en effet pas s'étendre sur des préparations trop longues sans action concrète. Confrontez ensuite Lucie à la réalité pour l'aider à aborder son projet avec lucidité, tout en maximisant ses chances de succès.

Enfin, l'objectif est de clarifier l'offre du porteur et de s'assurer qu'il a une vision précise de son produit ou service. Les questions à poser sont alors les suivantes.

- À qui est destiné votre produit/service ? Qui est l'utilisateur final ?
- Quelles sont les caractéristiques de votre offre/service ? Est-elle/il constitué/e de plusieurs produits/services ?
- Quels sont vos canaux de distribution ? Où le produit sera-t-il disponible ?

Scannez le QR Code ci-contre pour télécharger l'outil qui vous permettra de vérifier l'adéquation porteur/projet.

http://dunod.link/creactifs04

Stratégie commerciale et marketing

Dans cette troisième étape, le but est de structurer la stratégie de vente et marketing du porteur de projet. Les questions à poser sont les suivantes.

- Comment allez-vous trouver vos prospects ?
- Quelle est votre stratégie de communication ?
- Avez-vous déjà préparé un argumentaire de vente ou un pitch ?

Aidez le porteur à établir un plan d'action marketing et commercial clair. Encouragez une stratégie adaptée à son budget et à sa cible.

Aspects financiers

L'objectif de ce tour est d'identifier les grandes tendances financières du secteur du projet et de les comparer avec les objectifs et moyens du porteur. Les questions à se poser et sur lesquelles réfléchir sont donc les suivantes.

- Quel est le niveau d'investissement de départ moyen nécessaire pour se lancer sur cette activité ?
- Quels sont les niveaux de rentabilité moyens du secteur ?
- Quelle est la fourchette des niveaux de rémunération dans le secteur ?
- Le porteur bénéficiera-t-il d'aides de France Travail et à quel niveau ? Éventuellement, cela peut radicalement changer le démarrage du projet et permettre de tranquilliser le porteur dans cette période de changement dans la mesure où les aides de France Travail sont extrêmement importantes et fiables.

Pour ce premier volet financier, partez d'une recherche documentaire croisée de discussions avec des professionnels du secteur. C'est un moyen simple pour entrer sur un sujet que beaucoup de porteurs rechignent à traiter.

Aspects juridiques

La réglementation

L'objectif est d'identifier les contraintes légales liées au projet. Les questions à poser sont les suivantes.

- Quelle réglementation s'applique à votre activité ?

- Faut-il des diplômes, des certifications ou des formations spécifiques ?
- Y a-t-il des normes à respecter (sécurité, RGPD, brevets) ?

Veillez à identifier les points critiques et orientez le porteur vers des experts si nécessaire (avocats, comptables). La clarté sur ces points rassure l'entrepreneur et évite des erreurs coûteuses.

Pour un entrepreneur novice, les contraintes réglementaires peuvent être inconnues ou sembler insurmontables. C'est en dialoguant avec des professionnels du secteur qu'il est souvent possible de mieux comprendre les réalités opérationnelles et d'identifier des solutions adaptées. Certaines possibilités, moins évidentes au premier abord, peuvent alors permettre de contourner ces blocages sans enfreindre la réglementation.

Par exemple, un porteur de projet souhaitant devenir agent immobilier doit obtenir une carte professionnelle. Pour cela, il doit répondre à certaines conditions, comme détenir un diplôme reconnu (ex. : BTS Professions immobilières ou diplôme sanctionnant des études juridiques ou commerciales) et justifier d'une expérience professionnelle significative (dix ans à temps plein ou quatre ans pour les cadres). Cependant, si le porteur de projet ne remplit pas ces critères, il existe une alternative crédible : travailler comme négociateur immobilier pour le compte d'un agent qui détient la carte professionnelle. Cette voie lui permet de développer son activité dans un cadre légal tout en acquérant l'expérience nécessaire pour envisager, à terme, obtenir la carte professionnelle à son tour.

La forme juridique

Pour de nombreux porteurs de projet, le choix de la forme juridique semble être une priorité absolue. Pourtant, dans la réalité, ce choix est rarement la cause directe de l'échec ou de la réussite d'une entreprise. Une structure qui fonctionne, mais qui n'a pas le statut optimal, pourra toujours évoluer avec l'aide d'un professionnel du droit pour mieux s'adapter à ses besoins. Il est donc important ici de rappeler qu'il n'existe pas de statut juridique miraculeux : chaque option a ses propres règles et implique une gestion spécifique.

Malgré la faible pertinence de traiter ce sujet au début d'un projet, cette thématique suscite souvent beaucoup de questions. D'ailleurs, il est indispensable de répondre a minima à ces interrogations pour éviter que le porteur ne reste bloqué sur ce point. Prenez le temps de clarifier les bases, puis recentrez-le sur les priorités initiales de son projet, comme l'étude de marché, la structuration de l'offre ou les aspects financiers.

Pour imager, le choix de la forme juridique est comparable à la carrosserie d'un véhicule : ce n'est qu'une enveloppe. Ce qui importe vraiment, ce sont les éléments sous-jacents, comme la solidité du modèle économique ou les prévisions financières. Souvent, ces éléments ne sont pas encore clairs au tout début de l'accompagnement et nécessiteront plusieurs rendez-vous pour être bien définis. Ce n'est qu'après avoir mieux compris ces aspects qu'il sera pertinent d'affiner le choix de la structure juridique.

L'objectif est ainsi de choisir la structure la plus adaptée aux besoins du projet. Les questions à poser sont les suivantes.

- Quelle forme juridique envisagez-vous (micro-entreprise, SARL, SAS, etc.) ?
- Quel statut souhaitez-vous en tant que dirigeant ?
- Avez-vous pensé à un pacte d'associés si vous êtes plusieurs ?
- Quelles sont vos prévisions de chiffre d'affaires ?

Clarifiez les avantages et inconvénients de chaque statut et orientez le porteur vers un choix pragmatique en fonction de ses objectifs et contraintes.

Prochaines étapes

Il s'agit ici d'expliquer le passage en mode projet, qu'il est nécessaire de réfléchir à définir, en fonction des différentes étapes de la Spirale, des tâches avec des livrables, des délais et des personnes impliquées. À partir de cela, il faudra mettre en place un suivi de la réalisation avec des indicateurs de complétude et de risque permettant de redéfinir les priorités. Dans un premier temps, vous pouvez, en accord avec le porteur, définir les attendus pour la prochaine rencontre selon cette modalité.

Découvrir l'outil « Les clés du projet »

Lors du premier rendez-vous, « Les clés du projet » (outil développé par Cré-Actifs) sont une ressource précieuse pour structurer le diagnostic en explorant chaque dimension essentielle de l'entrepreneuriat. Cet outil aide en effet à organiser l'échange tout en permettant au porteur de projet de prendre du recul et de clarifier ses idées. Composé de treize axes clés, il permet de couvrir l'ensemble des éléments fondamentaux d'un projet entrepreneurial. C'est un outil à utiliser de façon itérative car, au fil de l'avancement du projet, de nouveaux points apparaissent et remettent parfois en cause les premiers énoncés ou nécessitent de les approfondir. *Vous pouvez télécharger ce canvas en scannant le QR Code ci-contre.*

http://dunod.link/creactifs05

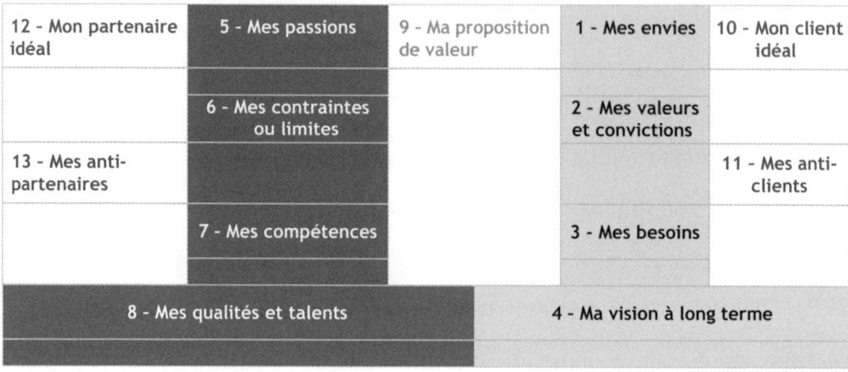

***Figure 3.1** – Outil « Les clés du projet »*

Source : CréActifs.

L'exercice doit se focaliser sur le porteur de projet. S'ils sont plusieurs, il est pertinent que chacun le fasse pour soi avant de le confronter avec les autres participants au projet, même si ces derniers sont « informels » (conjoint par exemple).

On commence ainsi par des questionnements sur l'inné ou le spontané.

1. *Mes envies* : qu'est-ce que j'ai envie de faire ? Mon projet comble lesquelles de mes envies ? Ai-je envie de m'associer ou pas ? Quel type de communication me correspond le mieux ?

2. *Mes valeurs et convictions* : quelles sont mes valeurs et convictions ? Quels messages je veux faire passer ?

3. *Mes besoins* : quels besoins mon projet me permet-il de satisfaire ? Quel revenu je souhaite par mois ? Quel est le minimum dont j'ai besoin pour vivre ? Quel argent ai-je de disponible pour mon projet ? Qu'est-ce qui est le plus important pour moi ? De quel temps libre je veux disposer ?

4. *Ma vision à long terme* : quelle est ma stratégie personnelle (accomplissement, satisfaction...) ? Qu'est-ce que je souhaite faire, être et avoir dans deux ans, cinq ans... ?

Ensuite, est abordé l'acquis ou le construit.

5. *Mes passions* : quelles sont mes passions ? Comment est-ce qu'elles peuvent servir mon projet ? Peuvent-elles contribuer à mon offre ? Est-ce que je risque de me dépassionner ?

6. *Mes contraintes ou limites* : de quel temps je dispose pour mon projet ? Ai-je l'énergie ou la capacité physique nécessaire ?

7. *Mes compétences* : quelles sont mes compétences ? Comment contribuent-elles à mon projet ? Quelles sont mes formations ou qualifications ? Comment les partager avec les autres ? Quels messages je veux porter à leur propos ?

8. *Mes qualités et talents* : quels sont mes qualités et talents ? En quoi suis-je doué ? Comment je communique le mieux ? Comment puis-je mettre à contribution mes qualités/talents dans mon projet ? Qu'est-ce qui est facile pour moi et me coûte peu d'énergie tout en pouvant apporter aux autres ?

À partir des questionnements précédents, l'entrepreneur sera plus à même de définir son offre ou sa proposition de valeur.

9. *Ma proposition de valeur :* en quoi consiste mon projet ? Comment décrire mes produits ou services ? Qu'apportent mes produits ou services à mes clients ? Quel plus je veux apporter à mes clients par rapport aux offres actuelles ? Comment ai-je envie d'aider mes clients ? Comment je veux communiquer avec mes clients ? Comment mes clients accèdent-ils à mon offre ? Comment je veux entretenir et développer la relation avec mes clients ? Comment j'accompagne mes clients dans l'acte d'achat ? Mon offre est-elle innovante ? Quel est le sens de ce que je fais, quels envies, valeurs, besoins et stratégies cela satisfait ? Qu'est-ce qui me donne l'énergie de me lever chaque matin pour proposer cette offre ?

Enfin, sont abordés les tiers au projet, d'abord les clients, puis les partenaires. Dans les deux cas, sont définis l'idéal et, pour mieux les cerner, l'« anti-idéal ».

10. *Mon client idéal* : quels sont les types de clients avec qui je veux travailler et qui me procurent de la satisfaction ? Quel est le profil de mon client parfait ? Quelles valeurs je souhaite que mes clients partagent ? Qui ai-je envie de servir ou d'aider dans mon projet ?

11. *Mes anti-clients* : quels sont les types de clients avec qui je ne souhaite jamais travailler ? Ceux qui me procureraient de la frustration ? Quel est, pour moi, le portrait-robot du client difficile ?

12. *Mon partenaire idéal* : avec quels types de partenaires je rêve de collaborer ? Quelles valeurs j'aimerais partager avec mes partenaires ? Comment décrire le partenaire idéal, celui avec lequel j'adorerais collaborer ?

13. *Mes anti-partenaires* : avec quels types de partenaires je ne souhaite jamais collaborer ? Quelles valeurs sont aux antipodes des miennes ? À quoi ressemble le partenaire avec lequel je ne souhaiterais jamais collaborer ?

En couvrant ces treize dimensions, cet outil permet d'obtenir une vision claire et détaillée du projet et du porteur. Il offre un cadre structuré pour l'écoute active et aide à établir un plan d'action adapté, tout en favorisant une prise de conscience globale des forces et des défis à relever.

Détecter les freins et valoriser les forces pour une stratégie équilibrée

Une fois la première phase d'échange passée, je vous encourage à entrer dans une phase d'analyse constructive pour évaluer les principaux freins et forces du créateur d'entreprise. En effet, certains éléments – comme des compétences techniques spécifiques ou des expériences passées – se révèlent souvent être de vrais atouts. D'autres, plus personnels, comme la gestion du temps, la motivation ou la stabilité financière, peuvent être des leviers ou des points de vigilance.

Point de vigilance : ne sous-estimez pas l'importance de l'aspect personnel dans ce premier diagnostic. La situation familiale, les attentes de revenus, le temps disponible influencent directement le rythme et les choix de l'entrepreneur. Posez des questions subtiles pour saisir cet équilibre entre vie professionnelle et vie personnelle, du type : « Comment envisagez-vous de concilier ce projet avec vos autres responsabilités ? » C'est ce type de question qui aide le porteur de projet à prendre du recul sur les implications réelles de son projet.

Lorsqu'un frein se manifeste – un manque de compétences en gestion, par exemple – ne le soulignez surtout pas frontalement. Mettez d'abord en avant ce que l'entrepreneur maîtrise, puis offrez des pistes concrètes pour progresser sur les points d'amélioration. L'objectif ici est de motiver plutôt que de décourager, en amenant l'entrepreneur à se rendre compte de son potentiel sans lui donner l'image d'un parcours insurmontable à traverser. Le ratio de Losada[5] estime ainsi que le taux d'acceptation psychologique de points négatifs (face aux points positifs) est entre 1 pour 3 et 1 pour 5. Vous devez donc remonter 3 à 5 points positifs pour pouvoir passer 1 point négatif sans que cela ne génère trop de blocages du côté du porteur de projet. Choisissez bien le point d'amélioration à chaque fois !

Introduire la notion de diagnostic projet et préparer le plan d'action

Ce premier rendez-vous est aussi l'occasion d'introduire la notion de diagnostic projet. *Cet outil est disponible en téléchargement en scannant le QR Code ci-contre.*

http://dunod.link/creactifs06

Expliquez au porteur que ce diagnostic est un outil vivant, qui sera approfondi et affiné à chaque étape de l'accompagnement. Rappelez-vous que vous êtes là pour suivre l'évolution du projet au fil du temps, en ajustant les actions en fonction des progrès réalisés.

Présentez le diagnostic comme une base de travail qui permettra de structurer le parcours de l'entrepreneur. En fin de rendez-vous, vous lui fournirez un plan d'action immédiat, que j'appelle « un plan pour passer de 0 à 1 » afin de mettre en place les premières étapes à suivre. Mais insistez aussi sur le fait que vous avez en tête un plan plus large, un accompagnement à long terme, pour faire évoluer le projet au fur et à mesure de ses avancées.

C'est ici que la méthode Spirale commence à prendre tout son sens. Dès le départ, expliquez que ce processus itératif servira à repasser régulièrement sur les étapes du projet pour les affiner et les adapter aux nouvelles réalités et besoins. Les porteurs de projet doivent bien comprendre que l'avancée d'un projet ne se fait pas de manière linéaire, car chaque élément est imbriqué à l'autre. En introduisant cette méthode dès le premier rendez-vous, vous préparez le porteur à cette démarche d'amélioration continue, un élément essentiel pour avancer avec flexibilité et assurance.

5. Le ratio de Losada, aussi appelé « ratio de positivité critique », est un concept en psychologie positive qui propose un ratio d'émotions positives par rapport aux émotions négatives, permettant de distinguer les personnes qui « s'épanouissent » et les autres au sein d'une entreprise.

Structurer un retour clair et constructif pour finir le rendez-vous

À l'issue de ce premier contact, prenez le temps de récapituler l'échange. Résumez les points forts du projet, les étapes déjà accomplies et les prochaines à envisager. La clé ? Rester réaliste et orienté vers l'action. Ce premier bilan doit laisser l'entrepreneur avec une idée claire de ce qu'il a accompli et de ce qu'il lui reste à faire, mais aussi de comment il pourrait s'y prendre.

Soyez pragmatique en lui présentant une première esquisse du plan d'action : « Vous avez une base solide avec l'idée, mais l'offre est en gestation ; je vous propose de commencer par une étude de marché plus ciblée et de réaliser une analyse concurrentielle pour valider votre cible. » Cette répartition sert à guider le porteur sans l'inonder de tâches. Il s'agit de lui donner de la visibilité, de la structure et de la confiance en son projet.

Surtout, avant de terminer, pensez à lui fixer un prochain rendez-vous en fonction de sa disponibilité et de ses besoins. Fixez des premiers objectifs en utilisant la méthode SMART (spécifique, mesurable, atteignable, réaliste et temporel) pour qu'il puisse avancer à son rythme tout en restant encadré et motivé. L'important ici est que vous ayez commencé le processus de mise en mouvement de l'entrepreneur : même si ce dernier doit partir dans un premier temps dans une mauvaise direction, ce n'est pas dramatique. Il est toujours plus facile de faire prendre un virage à un porteur de projet s'il est en mouvement que s'il est à l'arrêt. Donnez-lui donc des micro-objectifs atteignables d'ici le prochain rendez-vous. Assurez-vous qu'il a bien compris le cadre de l'accompagnement : vous serez là pour l'orienter et l'aider à s'adapter au fil des étapes, mais le chemin doit aussi – et surtout – être le sien.

Un outil pour définir des objectifs SMART est disponible en scannant le QR Code ci-contre.

http://dunod.link/creactifs07

Développer une relation de confiance pour une meilleure alliance pour la suite

Je vous l'ai dit à demi-mot, mais ce premier rendez-vous est l'occasion d'initier une relation de confiance. En combinant écoute active, questionnement structuré et retour bienveillant, vous laissez une empreinte forte et rassurante. Assurez-vous de mettre en place une atmosphère d'engagement mutuel, afin que l'entrepreneur sente qu'il n'est pas seul dans son aventure et qu'il dispose d'un appui solide. Ayez également en tête que le premier rendez-vous n'est pas là pour tout résoudre ni pour décortiquer chaque détail du projet. Il sert avant tout à donner une première direction et à mobiliser le porteur de projet en s'assurant qu'il se sent en confiance et prêt à avancer étape par étape.

Ce premier échange marque ainsi le lancement de l'accompagnement : son importance est capitale. Pensez-y comme au début d'une danse où chacun apprend les pas et le rythme de l'autre, afin de bâtir un partenariat harmonieux et durable. En établissant un cadre clair, en écoutant avec une attention sincère et en fournissant un retour constructif, vous maximisez les chances de faire de ce projet une réussite durable.

PROFILS D'ENTREPRENEURS : S'ADAPTER POUR GUIDER EFFICACEMENT

Tout le monde peut entreprendre, même si tout le monde ne peut évidemment pas entreprendre le même projet. Dans l'accompagnement entrepreneurial, il n'y a pas de profil type. Chaque porteur de projet arrive avec ses propres forces, faiblesses, motivations et doutes. Votre rôle, en tant que conseiller, est de détecter ces éléments uniques, non pas pour les effacer ou les minimiser, mais pour les valoriser. Car, sachez-le, il n'y a pas de recette miracle pour réussir, mais il existe bel et bien une méthode pour guider efficacement : c'est celle qui repose sur l'adaptation.

Je vous l'ai déjà dit : accompagner, ce n'est pas imposer un chemin tout tracé. C'est apprendre à composer avec les particularités de chacun pour transformer les obstacles en opportunités, les doutes en points d'appui. Pour ce faire, vous devez reconnaître les grandes typologies de profils d'entrepreneurs et ajuster votre posture en fonction.

Un point de départ, pas une case figée

L'une des premières choses à accepter est qu'il n'existe pas de « bon » ou de « mauvais » profil d'entrepreneur. Chacun arrive avec son propre bagage. Certains brillent dans l'art de convaincre, mais se perdent dans les méandres d'Excel. D'autres sont des planificateurs hors pair, mais craignent de se lancer sur le terrain. Et pratiquement tous commenceront par vous parler de ce qu'ils savent et aiment faire.

Ces grandes typologies que nous allons aborder sont des schémas larges. Elles servent ainsi de points d'entrée pour comprendre la diversité des entrepreneurs que vous accompagnez, mais elles contiennent en elles une infinité de sous-catégories. Nous explorerons ensuite les problématiques spécifiques auxquelles ces profils peuvent faire face et les solutions concrètes à leur apporter pour les accompagner au mieux vers le succès.

Selon chaque profil, vos objectifs seront les suivants :

- *identifier les forces et les motivations :* ce sont elles qui mettront en mouvement le porteur de projet ;
- *cerner les faiblesses ou les freins* : non pas pour les souligner, mais pour proposer des outils ou des stratégies qui les contournent ;
- *proposer un accompagnement personnalisé :* chaque entrepreneur avance à son propre rythme et selon ses besoins spécifiques.

Quels sont les grands profils d'entrepreneurs ?

Point de vigilance : attention à ne pas « classer » les entrepreneurs que vous accompagnez dans des cases, mais voyez plutôt ces profils comme des points de départ pour affiner votre diagnostic. Certains porteurs peuvent correspondre à plusieurs profils. Personne n'est monolithique !

Le rationnel

Ce profil est méticuleux, structuré et perfectionniste. Il excelle dans l'analyse et la planification, mais peut être paralysé par le doute ou la peur de l'échec. Ce besoin de tout maîtriser peut ralentir son passage à l'action.

Comment le reconnaître ?

- Son produit ou service est très abouti.
- Il arrive avec un plan détaillé (parfois un peu trop détaillé).
- Il pose beaucoup de questions précises sur les aspects techniques ou financiers.
- Il a du mal à se lancer tant que tout n'est pas parfaitement clair.

Comment l'accompagner ?

Rassurez-le sur l'importance d'un premier pas imparfait et valorisez ses compétences analytiques et son niveau de préparation. Félicitez-le pour la structure déjà mise en place et pour le sérieux dont il fait preuve. Votre rôle est de l'encourager à passer à l'action sans attendre la perfection, en montrant que des démarches progressives peuvent mener au succès.

Citez des exemples de grandes entreprises qui ont démarré avec des moyens modestes avant de devenir des succès majeurs, comme Facebook qui a été initialement conçu pour des étudiants, mais qui a évolué progressivement en fonction des retours utilisateurs.

Expliquez-lui clairement les risques de rester bloqué dans une phase d'analyse excessive, à savoir :

- perte de temps et d'argent : investir dans des fonctionnalités avancées ou des outils coûteux sans validation du marché peut s'avérer inutile si l'idée n'est pas demandée ;
- perte de motivation : une attente trop longue avant le lancement peut démotiver et entraîner un sentiment de stagnation ;
- perte de confiance en soi et en son projet : si le projet échoue après une préparation longue et détaillée, l'impact psychologique peut être plus fort qu'avec une approche itérative.

Outils adaptés

- *Minimum Viable Product* (MVP) pour tester les idées rapidement.
- Plan d'action détaillé en étapes atteignables.

- Business Model Canvas pour structurer la réflexion sans se noyer dans le détail.

▬ Mise en situation

Thomas vous présente un tableau Excel impeccable, mais il n'a pas encore testé son idée auprès de clients. Posez-lui une question simple : « Que risquez-vous en obtenant un premier retour client dès maintenant ? » Cela l'encourage à prendre un premier risque mesuré.

→ **Point de départ dans la Spirale : phase de prototypage et de test initial. Aidez-le à sortir de l'analyse en l'encourageant à tester rapidement son concept sur le terrain. Pensez également à orienter ce profil sur les aspects moins travaillés de son projet.**

Le dispersé

Le dispersé déborde d'idées et d'énergie. Son enthousiasme est contagieux, mais il peut se perdre dans ses propres projets. Il a souvent du mal à se concentrer sur une priorité et à suivre un plan structuré.

▬ Comment le reconnaître ?

- Il a mille idées à la minute.
- Il passe d'un sujet à l'autre sans réellement approfondir.
- Il commence plusieurs tâches à la fois sans les terminer.

▬ Comment l'accompagner ?

Soyez ferme et cadrant tout en restant bienveillant et guidant. Félicitez son énergie et sa créativité, mais expliquez-lui pourquoi canaliser ses idées est essentiel pour réussir. Valorisez son potentiel créatif en lui montrant que structurer ses priorités ne signifie pas brider son imagination. Montrez-lui qu'en avançant par étapes, il pourra concrétiser davantage d'idées.

Rappelez-lui que trop de projets lancés simultanément risquent de diluer son énergie et de ralentir sa progression. Proposez une approche équilibrée en lui demandant de choisir une ou deux idées prioritaires à développer, tout en gardant une « boîte à idées » pour les autres concepts.

▬ Outils adaptés

- Fonctionner en objectifs SMART.
- To-do lists avec priorités claires, déterminées selon la matrice Eisenhower :

    - *urgent et important* : les tâches à faire immédiatement ;
    - *important mais non urgent :* les tâches à planifier ;
    - *urgent mais non important :* les tâches à déléguer si possible ;
    - *non urgent et non important* : les tâches à éliminer ou reporter.
- Deadlines précises pour chaque tâche.
- Carte mentale pour organiser les idées.

▬ Mise en situation

Lorsqu'un enthousiaste dispersé vous dit qu'il veut lancer une boutique en ligne, un service de coaching et un podcast, posez-lui une question ciblée : « Si vous ne pouviez faire qu'une seule chose cette année, laquelle choisiriez-vous ? » Cette question l'aidera à se recentrer.

→ **Point de départ dans la Spirale : définition de l'offre et structuration des priorités. Recentrez-le sur une ou deux idées concrètes et structurées à développer en priorité.**

Le stressé

Ce profil doute de ses capacités et manque souvent de confiance en lui. Il redoute de se mettre en avant et peut se sentir dépassé par l'ampleur d'un projet entrepreneurial. La peur d'échouer ou le syndrome de l'imposteur peut freiner son élan.

▬ Comment le reconnaître ?

- Il utilise souvent des expressions comme « je ne suis pas sûr » ou « je ne sais pas si je suis capable ».
- Il essaie au maximum de ne pas prendre de décisions (même sur des points simples !).
- Il semble stressé par l'idée d'un échec potentiel.

▬ Comment l'accompagner ?

Rassurez-le en valorisant ses réussites, même petites. Soyez patient et encouragez-le.

▬ Outils adaptés

- Journal de progression pour noter les victoires.
- Scénarios simples pour réduire l'incertitude.
- Pitch court pour aider à verbaliser le projet.

Mise en situation

Lorsqu'il hésite à prendre une décision, proposez-lui un choix simple avec des options claires : « Préférez-vous tester votre concept sur un marché local ou en ligne ? » Cela l'aidera à réduire son incertitude tout en le maintenant actif.

→ **Point de départ dans la Spirale : étude de marché et exploration initiale. Aidez-le à obtenir des retours concrets et positifs pour renforcer sa confiance.**

Le pragmatique

Il est indépendant, organisé et orienté vers l'action. Il sait ce qu'il veut et peut parfois minimiser l'intérêt de l'accompagnement. Vous pouvez le percevoir comme « trop sûr de lui » et légèrement distant.

Comment le reconnaître ?

- Il arrive en accompagnement avec des demandes précises et claires.
- Il exprime peu de besoins et peut être abrupt dans sa communication.
- Il minimise parfois l'importance de certaines étapes du projet.

Comment l'accompagner ?

Laissez-le mener l'entretien tout en intervenant subtilement.

Outils adaptés

- Check-list d'étapes essentielles.
- Matrices simples (SWOT, Business Model Canvas) qu'il peut utiliser seul.
- Rapports succincts pour détecter des besoins cachés.

Mise en situation

S'il vous explique qu'il veut seulement valider son choix de statut juridique, profitez-en pour poser des questions subtiles sur les autres aspects de son projet afin de détecter d'éventuels besoins cachés. Par exemple, s'il veut se lancer en micro-entreprise, demandez-lui ses prévisions de chiffre d'affaires et voyez si vous pouvez déboucher sur des besoins en prévisionnel financier.

→ **Point de départ dans la Spirale : diagnostic global du projet. Évaluez rapidement son avancement pour identifier les failles et les besoins sous-estimés.**

Le visionnaire

Ce profil a de grandes idées et beaucoup d'ambition. Il voit loin, mais parfois un peu trop loin. S'il peut être inspirant, il a tendance à ignorer les détails pratiques ou à sous-estimer les étapes intermédiaires.

▬ Comment le reconnaître ?

- Il parle en superlatifs : « révolutionner le marché », « devenir leader international ».
- Il a une vision claire, mais n'est pas assez pragmatique.
- Il minimise les défis ou les obstacles.

▬ Comment l'accompagner ?

Valorisez sa vision tout en la rendant actionnable.

▬ Outils adaptés

- Objectifs SMART pour cadrer les ambitions.
- Échéanciers précis pour hiérarchiser les priorités.
- Feedback terrain pour ancrer la vision.

▬ Mise en situation

Il vous parle déjà d'une stratégie internationale alors qu'il n'a pas encore validé son marché local. Proposez-lui de concentrer ses efforts sur une première cible pour maximiser ses chances de réussite.

→ **Point de départ dans la Spirale : stratégie commerciale et plan de financement. Recentrez-le sur des actions concrètes pour valider son marché et ses ambitions.**

Une infinité de profils, un accompagnement ajusté

Chaque entrepreneur est unique et les profils présentés ici ne sont qu'un cadre de référence. À l'intérieur de chaque grande typologie, vous trouverez des nuances infinies. Ce sont ces subtilités qui font toute la richesse de votre accompagnement.

Dans les prochains chapitres (notamment les parties 3, 4 et 5), nous explorerons les problématiques spécifiques auxquelles ces profils peuvent faire face. Vous découvrirez comment adapter vos outils, votre posture et vos conseils à ces défis, pour transformer chaque porteur de projet en un entrepreneur confiant et accompli.

Chapitre 4

Associer la méthode Spirale et le diagnostic projet

UN RÉFLEXE À INTÉGRER ET À CULTIVER

Je vais vous présenter en détail comment appliquer la méthode Spirale à travers un cas concret, celui de Leïna, une pâtissière déjà en poste souhaitant lancer son entreprise de pâtisseries artisanales bios adaptées aux régimes spécifiques. Le lien avec le diagnostic projet est ici très important car il permet de structurer l'accompagnement en s'appuyant sur une évaluation continue des avancées, des besoins et des contraintes de Leïna. À noter que le diagnostic projet vous servira ici de feuille de route durant toutes les étapes de la Spirale ; en ce sens, il n'est pas figé et peut être modifié, revu, retravaillé tout au long de l'accompagnement.

Comme vu précédemment, chaque étape de la méthode Spirale – étude de marché, définition de l'offre et adéquation porteur/projet, stratégie commerciale et marketing, aspects juridiques, aspects financiers et prochaines étapes – est revisitée à plusieurs reprises. À chaque itération, le diagnostic projet s'affine et le plan d'action devient plus précis. Le conseiller joue ainsi un rôle clé pour analyser les progrès du porteur de projet, ajuster les stratégies, proposer de nouvelles actions adaptées, tout en le gardant en mouvement !

Aussi, entre chaque tour, vous devez :

- *évaluer les avancées* : quelles étapes ont été franchies ? Quels résultats ont été obtenus ?
- *identifier les blocages* : quels freins ou obstacles sont apparus ?
- *s'assurer de la cohérence et de la prise en compte des impacts sur les autres étapes* : le montant du CA envisagé ne remet-il pas en cause le statut juridique envisagé initialement ?
- *réajuster le diagnostic* en fonction des nouvelles informations ;
- *fixer de nouveaux objectifs SMART* pour orienter le porteur vers des actions concrètes ;
- *inclure les nouveaux objectifs dans le planning projet.*

Cette dynamique itérative garantit que le projet évolue en permanence, s'adaptant aux réalités du terrain et aux besoins du porteur de façon cohérente.

Passons maintenant à l'application concrète de la méthode Spirale avec Leïna. Après un premier échange approfondi, vous avez déjà réalisé le diagnostic d'adéquation porteur/projet : vous avez identifié les motivations de Leïna, exploré ses compétences et son expérience, et mis en lumière ses forces et ses points d'amélioration. Avec ces bases solides, il est temps d'entrer pleinement dans le processus itératif de la Spirale pour structurer et affiner son projet, étape par étape.

PREMIER TOUR : EXPLORATION ET STRUCTURATION INITIALE

Étude de marché

Le premier tour de l'étude de marché consiste à explorer les grandes tendances du secteur et à identifier les besoins généraux des clients potentiels. Il s'agit de collecter des informations globales pour comprendre le contexte dans lequel le projet va évoluer et identifier le micro-marché dans lequel se trouvent, au centre, les clients ainsi que tous les acteurs avec lesquels on va se trouver en relation ou en concurrence.

Il est aussi nécessaire d'explorer le macro-marché qui influence tous les acteurs du micro-marché. Pour cela, vous pouvez recourir à l'analyse PESTEL (politique, économique, socioculturel, technologique, écologique et légal). *Scannez le QR Code ci-contre pour vous aidez dans votre analyse PESTEL.*

http://dunod.link/creactifs08

À cette étape, le porteur de projet effectue une veille documentaire (articles, blogs spécialisés, rapports sectoriels) et utilise des outils simples comme Google Trends pour repérer les attentes et les tendances émergentes. Cela permet de dresser un premier tableau des opportunités, des défis et des segments de clientèle.

Application au cas de Leïna

Leïna explore le marché des pâtisseries artisanales bios et sans gluten. Elle consulte des articles de presse, des blogs spécialisés en alimentation saine et utilise Google Trends pour repérer les demandes croissantes de produits adaptés aux régimes spécifiques. Elle identifie que les consommateurs sont de plus en plus soucieux de la provenance des ingrédients et cherchent des options sans gluten, sans lactose et bios. Leïna note également l'importance de la transparence et de l'éthique dans le secteur alimentaire. À partir de cette analyse, elle identifie trois segments de clients potentiels :

- les personnes avec des intolérances alimentaires ;
- les familles à la recherche de produits sains pour leurs enfants ;
- les consommateurs engagés dans une démarche écoresponsable.

Recommandations pour votre approche

- Recommandez à Leïna une posture affirmée, encouragez-la à éviter le conditionnel dans ses échanges sur son projet pour une meilleure réceptivité par ses interlocuteurs.
- Proposez-lui une check-list de questions clés : qui sont les consommateurs cibles ? Quels sont leurs besoins spécifiques ? Où achètent-ils leurs pâtisseries actuellement ?
- Conseillez à Leïna de préparer son entretien avec de potentiels clients lorsqu'il comporte des enjeux importants.
- Demandez à Leïna de créer un tableau de synthèse pour regrouper les informations collectées et faciliter l'analyse future.

Offre et adéquation porteur/projet

La première phase de la définition de l'offre consiste à poser les bases des produits ou services proposés. Le porteur de projet doit clarifier les grandes lignes de son offre et formuler une première proposition de valeur. Cela inclut l'identification des caractéristiques principales des produits et le positionnement initial sur le marché. À cette étape, il s'agit de rester simple et d'éviter de se disperser. L'objectif est de définir une offre qui répond aux besoins. De plus, le porteur doit identifier ses forces, ses envies, ses valeurs et ses besoins, et vérifier qu'ils sont en phase avec le projet vers lequel il souhaite aller. Enfin, lorsqu'on ne connaît pas un métier, il est fréquent de l'idéaliser. Il est impératif de pousser l'entrepreneur à confronter sa perception avec la réalité, par exemple avec un stage d'observation.

Application au cas de Leïna

Leïna esquisse une première version de son offre : des pâtisseries artisanales bios, sans gluten et sans lactose. Sa proposition de valeur est claire : « Offrir des pâtisseries saines, artisanales et respectueuses de l'environnement. » Elle définit quelques produits phares : des muffins sans lactose, des cakes sans gluten et des tartes aux fruits de saison. Elle imagine des formats de vente simples, comme des commandes en ligne avec retrait local ou livraison, ainsi que des ventes sur les marchés bios. Elle explique le pourquoi de son choix par rapport à ses acquis et envies.

Recommandations pour votre approche

- Recommandez à Leïna de discuter avec plusieurs chefs d'entreprise du secteur, car bien qu'elle le connaisse, elle ne connaît pas encore l'entrepreneuriat qui diffère d'une approche salariale.
- Demandez-lui de décrire brièvement chaque produit : ingrédients, particularités, type de clientèle visé.
- Assurez-vous qu'elle ait pris en compte les impacts personnels et sa capacité à réaliser ses exigences.

Stratégie commerciale et marketing

Lors du premier tour de la stratégie commerciale et marketing, le porteur de projet choisit les canaux de vente les plus accessibles et les moins coûteux. Idéalement, dans cette phase, il faudrait partir sur des canaux qu'il maîtrise déjà et dont il ne dépend pas de quelqu'un pour les mettre en œuvre.

Il s'agit ainsi d'identifier où et comment les quelques premiers produits/services seront vendus. Cela peut inclure des ventes en ligne via une boutique simple, des marchés locaux ou des partenariats avec des commerçants existants. Cette stratégie initiale permet de tester le marché sans prendre trop de risques financiers.

Application au cas de Leïna

Leïna sélectionne des canaux de distribution simples et peu coûteux. Son objectif ? Trouver ses premiers clients. Dans un premier temps, elle décide de participer à des marchés bios pour faire tester ses produits. De même, elle demande à ses proches de participer à une dégustation chez elle pour avoir des premiers retours (cela peut également enclencher le bouche-à-oreille : le premier réseau constitue souvent le premier client). Enfin, Leïna décide de se concentrer sur Instagram pour promouvoir ses pâtisseries artisanales. Elle prévoit de publier des photos attrayantes de ses créations, de partager des recettes et de raconter son parcours pour engager sa communauté.

Recommandations pour votre approche

- Aidez-la à établir une liste des marchés locaux avec lesquels elle pourrait collaborer.
- Discutez avec elle de la stratégie qu'elle aimerait développer autour d'Instagram.
- Aidez Leïna à définir sa stratégie de contenu : types de publications, fréquence, ton à adopter.
- Recommandez-lui des outils simples comme Canva pour créer des visuels attractifs.

Aspects financiers

Le premier tour sur les aspects financiers vise à comprendre les grands ensembles du secteur et de confirmer leur adéquation avec les moyens du porteur et les objectifs de rémunération.

Application au cas de Leïna

Le niveau d'investissement de départ est relativement important pour la création d'un laboratoire. Leïna trouve un accord avec un restaurateur pour qu'il lui loue sa cuisine au moment où il ne l'utilise pas. Elle n'achètera que du petit matériel spécifique à son activité. Pour ce qui est du taux de marge qu'elle doit avoir, elle partira globalement sur ce que faisait son employeur précédent, soit une marge de 72 %. Elle avait lors de son dernier emploi appris à utiliser de la matière première pas trop onéreuse pour rester dans ces ratios. Par ailleurs, elle connaît le niveau de rémunération moyen de son ex-employeur ainsi que d'autres professionnels du secteur et est en phase avec ce niveau. Enfin, Leïna bénéficie de seize mois d'allocations-chômage et pense demander le maintien de ses allocations pendant la montée en puissance de son projet afin de gagner en sérénité.

Recommandations pour votre approche

- Conseillez à Leïna d'obtenir un engagement de la part du restaurateur qui la sécurise sur une période.
- Rappelez à Leïna les modalités de l'option du maintien des allocations et qu'elle sera à valider en fonction du choix de la forme et de la montée en puissance de l'activité.

Aspects juridiques

Au premier tour, l'objectif est d'identifier les exigences légales de base liées au lancement de l'activité. Il peut s'agir de normes d'hygiène, d'étiquetage ou d'obligations déclaratives. Plusieurs sites proposent des informations de qualité et à jour comme les fiches réglementation de Bpifrance ou PropulsebyCA[6], ainsi que les sites spécialisés par activité.

Application au cas de Leïna

Leïna remplit les critères pour l'exercice de son activité réglementée. Elle se renseigne sur les normes d'hygiène applicables et les règles d'étiquetage pour les allergènes. Elle discute avec des professionnels du secteur pour identifier d'autres éventuelles contraintes juridiques.

Recommandations pour votre approche

- Orientez Leïna vers des ressources fiables comme Bpifrance et PropulsebyCA.
- Recommandez-lui de confronter ses apprentissages au contact de professionnels du secteur.

6. *https://propulsebyca.fr/*

Prochaines étapes

Leïna a maintenant inventorié les différentes dimensions de son projet grâce au premier tour de la méthode Spirale. Elle a une vue d'ensemble : elle identifie mieux son marché, a esquissé sa proposition de valeur, envisagé ses canaux de vente initiaux, recensé ses premiers besoins financiers et jeté les bases de sa stratégie de communication. Ce n'est pas encore parfait et c'est normal ! L'idée de ce premier tour était de clarifier les grandes lignes et de se mettre en mouvement. Elle a, en ce sens, identifié ses prochaines étapes :

- décider des produits proposés au démarrage engageant le moins d'investissements et une plus grande facilité de conservation (MVP) ;
- identifier les premières personnes à contacter ;
- valider les critères qui s'imposent à son activité ;
- valider avec le restaurateur la disponibilité et le coût pour la cuisine ;
- réaliser une première ébauche de son suivi.

Il est maintenant temps de passer au second tour de la Spirale afin de permettre au porteur de projet d'assimiler les étapes et d'apporter de nouvelles informations permettant d'approfondir les différentes étapes.

SECOND TOUR : APPROFONDISSEMENT

Cette fois, on va creuser plus profondément : tester les idées, aller chercher des retours concrets, affiner les choix et ajuster les actions en fonction de ce que l'entrepreneur découvre sur le terrain. Le but ? Faire en sorte que les hypothèses deviennent une réalité. Pour vous, en tant que conseiller, c'est l'occasion de l'accompagner dans cette phase d'expérimentation. Vous allez l'aider à transformer ses intuitions en décisions solides, tout en gardant une approche flexible et bienveillante.

Mais avant de commencer ce second tour, prenez le temps de faire le point avec le porteur de projet. Lors de cet entretien diagnostic, réévaluez les premières hypothèses : les tendances de marché identifiées sont-elles toujours pertinentes ? Les premières esquisses de l'offre sont-elles en adéquation avec les attentes des clients ? C'est le moment de poser des questions ouvertes pour mesurer la clarté de la vision du porteur : « Qu'avez-vous appris jusqu'ici ? Quels ajustements envisagez-vous ? » Ces échanges permettent d'affiner le diagnostic initial et d'orienter efficacement le second tour de la Spirale.

Alors, prêt à suivre Leïna pour cette nouvelle itération ?

Étude de marché

Le second tour de l'étude de marché consiste à affiner les premières observations grâce à une enquête terrain. Il s'agit de mieux comprendre les besoins des clients potentiels, d'identifier éventuellement les segments spécifiques et de mesurer l'attractivité réelle de l'offre. Cette phase inclut des entretiens, des sondages et des observations directes pour obtenir des retours concrets. Cependant, rappelons-nous que la meilleure validation de l'offre par le marché reste le fait de proposer à un prospect un produit ou un service à un prix et qu'il soit prêt à l'acheter.

Application au cas de Leïna

Leïna organise des entretiens avec des consommateurs locaux intéressés par les pâtisseries bios et sans gluten. Elle lance également un sondage en ligne pour toucher une audience plus large et recueillir des données quantitatives. Ses questions portent sur les préférences gustatives, les prix acceptables et les attentes en matière de produits respectueux de l'environnement. Elle identifie un segment de clients particulièrement intéressés : les familles avec des enfants souffrant d'allergies alimentaires. Elle démarre une première analyse des concurrents avec leur offre et les prix pratiqués.

Recommandations pour votre approche

- Aidez Leïna à formuler des questions précises pour ses enquêtes et à éviter les biais de confirmation.
- Suggérez-lui des plateformes de sondage comme Google Forms ou Typeform pour simplifier la collecte de données.
- Recommandez-lui de mener des actions de validation de la demande proches des conditions réelles en créant une première version du produit et en cherchant à obtenir des intentions d'achat éventuellement écrites ou des ventes si cela ne pose pas de problème juridiquement.
- Définissez avec Leïna une grille d'analyse de la concurrence avec les points qui sont essentiels à identifier.

Offre et adéquation porteur/projet

Le second tour de la définition de l'offre vise à enrichir les caractéristiques du produit ou service en se basant sur les retours collectés. Il s'agit de préciser les détails, d'ajuster la proposition de valeur et de comparer l'offre avec celle des concurrents pour éventuellement se différencier.

Application au cas de Leïna

En analysant les retours de son étude de marché et ce que font ses concurrents, Leïna décide d'élargir sa gamme de pâtisseries pour inclure des options à faible teneur en sucre. Elle travaille également sur des packagings écologiques et réfléchit à des partenariats avec des producteurs locaux pour garantir la qualité de ses ingrédients. Sa proposition de valeur devient plus claire : « Des pâtisseries artisanales bios, adaptées aux besoins spécifiques (sans gluten, sans lactose, faible en sucre), de saison avec un engagement local et durable. »

Recommandations pour votre approche

- Invitez Leïna à créer une fiche pour chaque pâtisserie, en indiquant les ingrédients, la recette, le coût de production et le prix de vente.
- Encouragez-la à tester ses nouvelles recettes auprès de son réseau en utilisant le brainstorming par exemple, pour affiner les saveurs, trouver les éléments de sa communication et valider le packaging.

Stratégie commerciale et marketing

Lors du second tour, il s'agit d'affiner la stratégie de vente et de mettre en place les premiers aspects marketing. On identifie les canaux les plus pertinents, les premiers partenaires potentiels et on établit un plan commercial préliminaire avec des actions concrètes à tester. On optimise les canaux de communication choisis, on affine le message marketing et on prépare des actions concrètes pour toucher le public cible.

Application au cas de Leïna

Leïna décide de vendre ses pâtisseries via un système de commandes en ligne avec livraison locale. Elle envisage également de participer à des marchés de producteurs et d'organiser des ventes éphémères dans des cafés partenaires.

Leïna développe en parallèle un plan de contenu pour ses réseaux sociaux, avec des publications sur ses valeurs, ses produits et des témoignages clients. Elle commence à se constituer une base de données et crée une newsletter pour fidéliser sa clientèle.

Recommandations pour votre approche

- Aidez Leïna à établir un calendrier des premières actions commerciales (dates de marchés, dégustations).
- Proposez-lui de rédiger un argumentaire de vente clair et concis pour ses échanges avec les partenaires.
- Évaluez les résultats des premières actions pour ajuster la stratégie si nécessaire.
- Aidez-la à rédiger des posts engageants et authentiques qui racontent son histoire.
- Évaluez régulièrement l'efficacité de sa communication avec des indicateurs simples (engagement, trafic).

Aspects financiers

Le deuxième tour sur les aspects financiers vise à identifier les besoins spécifiques pour démarrer le projet et les comparer aux ressources disponibles.

Application au cas de Leïna

Leïna dresse une liste des aspects financiers de son activité :

- matériel de pâtisserie de base : 800 €
- création d'un site web simple : 500 €
- stand pour les marchés bios : 300 €

Elle estime son apport personnel à 2 000 € et souhaite retirer de son activité une rémunération de 1 200 €/mois.

Recommandations pour votre approche

- Calculez avec elle le montant des investissements initiaux : 1 600 € dans son cas (matériel + site + stand). N'oubliez pas de prendre en compte la location de la cuisine deux après-midi par semaine, soit 960 € par mois.
- Comparez la première estimation des besoins aux ressources disponibles (2 560 € vs. 2 000 €). Ici, ses besoins ne sont pas couverts par ses ressources. Quelles sont les possibilités de financement complémentaire ?
- Trouvez les ratios de marge du secteur. Après une recherche auprès de la Confédération nationale de la boulangerie et Boulangerie-pâtisserie française, le taux de marge brute idéal dans le domaine de la pâtisserie est entre 70 et 80 %. Cela conforte le taux que faisait son ancien employeur retenu par Leïna.

- Calculez le volume de vente minimum nécessaire pour atteindre la rémunération cible. Une rémunération cible de 1 200 € entraîne très approximativement un minimum de 30 % de charges sociales, soit 1 560 € de coûts pour l'entreprise. Coûts/Taux de marge brut = CA minimum à réaliser par mois : 1 560 € / 70 % = 2 230 € auxquels il faut ajouter le coût de la cuisine soit un total de 3 190 € de CA/mois. Si ce CA semble difficile, voire impossible à réaliser au démarrage, il faudra réfléchir à des actions à mettre en place : louer moins souvent la cuisine au démarrage, ne pas se payer 1 200 € les premiers mois mais seulement au moment où le CA nécessaire sera atteint, trouver d'autres canaux (vente à des boutiques de *street food*...), revoir ses tarifs, etc.

Aspects juridiques

Lors de ce tour, on croise toutes les sources d'information pour approfondir la réglementation et avoir des certitudes.

Application au cas de Leïna

Leïna a identifié qu'elle devra réaliser la formation HACCP (pour la maîtrise du risque alimentaire) pour pouvoir exercer son activité en plus de ses diplômes en pâtisserie. Elle se dit qu'au regard des aspects financiers qu'elle a évalués jusqu'ici, elle pourrait opter pour le statut de micro-entreprise au début pour tester son activité sans avoir trop de contraintes liées au statut. Eu égard au montant de CA envisagé, elle se dirige vers la micro-entreprise.

Recommandations pour votre approche

- Aidez-la à lister ses obligations légales (normes d'hygiène...).
- Assurez-vous qu'elle comprend les implications de son statut juridique.
- Vérifiez avec elle le maintien de l'ARE par rapport au CA envisagé (en micro-entreprise, le calcul du revenu est basé sur le CA réalisé).

Prochaines étapes

Leïna a maintenant une vision plus claire et précise de son projet. Chaque étape a été confrontée au terrain, ajustée et enrichie par des actions concrètes. Vous, en tant que conseiller, avez joué un rôle clé en guidant Leïna à travers cette phase d'approfondissement. Elle sait que ses prochaines étapes seront :

- trouver le complément de financement nécessaire à couvrir ses besoins ;

- revoir les conditions de locations de la cuisine ;
- prospecter de potentiels clients en BtoB ;
- définir son modèle de facture ;
- envisager de recourir à des financements externes pour disposer de la trésorerie nécessaire afin de financer les coûts des premiers mois de démarrage ;
- voir avec France Travail s'il est pertinent d'opter pour la capitalisation ;
- réviser éventuellement les priorités du plan d'action.

À l'issue de ce second tour, l'entretien diagnostic joue un rôle crucial pour consolider les avancées. C'est le moment d'analyser avec le porteur ce qui fonctionne bien et ce qui reste à améliorer. Revisitez ensemble les points clés du diagnostic : l'offre est-elle désormais claire et différenciée ? La stratégie commerciale est-elle alignée sur le marché cible ? Posez des questions comme : « Quelles difficultés avez-vous rencontrées pendant cette phase ? Quels feedbacks clients ont été les plus utiles ? » Cette réflexion conjointe permet de préparer un troisième tour de Spirale plus précis et stratégique, en intégrant les apprentissages accumulés.

Durant ce dernier tour, vous peaufinerez chaque aspect, validerez les choix stratégiques et préparerez le lancement définitif. Leïna va pour sa part transformer ses hypothèses en actions concrètes, finaliser ses stratégies et s'assurer que tout est en place pour démarrer son entreprise sereinement. En tant que conseiller, votre rôle est de la soutenir dans cette phase, de l'aider à anticiper les derniers obstacles et de lui donner les outils pour démarrer avec confiance.

TROISIÈME TOUR : CONSOLIDATION

À ce stade, il faut avoir une compréhension fine de son marché, caler son offre, être en mesure de comprendre et de jouer avec les éléments financiers et les différentes stratégies de communication. Des questions telles que : « Quelles étapes vous semblent encore incertaines ? Quelles actions précises devons-nous valider pour sécuriser votre lancement ? » permettent de s'assurer que le projet se consolide, avec une vision claire et réaliste.

Étude de marché

Lors de cette étape, la compréhension du marché est essentielle. À ce stade, le porteur est en mesure de comprendre les grandes évolutions du secteur ainsi que les signaux faibles. Il peut également comprendre quels sont les acteurs en place, leur positionnement et être en mesure d'avoir un avis sur les raisons de leurs succès. Il peut enfin expliquer ses choix par rapport à la concurrence et décrire précisément ses segments de clientèle, voire leurs personas.

> ### *Application au cas de Leïna*
>
> Leïna compile toutes les données récoltées jusqu'ici. Elle réalise un mapping de ses concurrents en fonction de leur positionnement et réalise une analyse SWOT détaillée pour résumer la situation de son marché. Elle identifie comme forces son positionnement unique (pâtisseries bios adaptées aux régimes spécifiques) et son réseau de producteurs locaux. Comme opportunités, elle repère une demande croissante pour des ateliers de pâtisserie « healthy » et que des boutiques de *street food* sont intéressées par sa proposition de pâtisseries en compléments des plats proposés. Ses principales menaces restent la concurrence des boulangeries traditionnelles et la sensibilité des coûts des ingrédients bios.
>
> **Recommandations pour votre approche**
>
> - Accompagnez Leïna dans l'interprétation de son analyse SWOT pour formuler des stratégies concrètes.
> - Validez avec elle que chaque menace a une solution d'atténuation (ex. : diversification de l'offre pour compenser la concurrence).
> - Recommandez à Leïna de poursuivre la réalisation de toujours plus de pâtisseries auprès d'amis ou de famille.

Offre et adéquation porteur/projet

Le troisième tour de la définition de l'offre a pour objectif de faire de grands arbitrages sur l'offre en étant toujours aligné avec les conséquences de ces arbitrages. Pour de nombreux projets, il ne faudra pas démarrer l'entreprise par le produit ou service idéal (dans la tête du porteur) mais par une version réaliste. Le porteur de projet doit donc savoir ce que veulent ses clients après avoir recueilli leurs avis. Viser trop haut est le meilleur moyen pour s'épuiser avant même d'avoir fait sa première vente ! C'est aussi le moment où les tarifs sont clairs, et les moyens de production validés et prêts à être mis en place.

Application au cas de Leïna

Leïna finalise sa gamme de pâtisseries bios et sans gluten. Elle propose trois gammes de produits : une gamme pour les régimes sans gluten, une pour les régimes sans lactose et une à faible teneur en sucre. Afin de couvrir ses frais, elle décline son offre en BtoB ; cette activité est moins rentable, mais lui permet de compenser la charge de la location de cuisine. Elle se pose encore des questions sur son positionnement prix. Lors du prochain passage sur les aspects financiers, elle a retenu trois grilles de prix pour élaborer les hypothèses de CA de sa future entreprise. Si elle venait à s'éloigner de ses hypothèses initiales, il faudrait lors du prochain tour valider à nouveau que le marché est en accord avec ce positionnement prix.

Recommandations pour votre approche

- Aidez-la à rédiger un discours clair et convaincant pour présenter son offre aux clients et partenaires.
- Travaillez avec Leïna sur l'analyse de la concurrence et l'acceptation par ses prospects pour déterminer ses prix.
- Invitez Leïna à obtenir des commandes fermes qu'elle honorera lorsque son entreprise sera en activité.

Stratégie commerciale et marketing

La stratégie commerciale doit, au troisième tour, commencer à être formalisée avec des objectifs clairs et des indicateurs clés de performance (KPI) pour mesurer le succès des actions. Chaque canal de vente et action commerciale devra être identifié. La stratégie de communication se finalise, alignée sur les objectifs de l'entreprise. On planifie des actions précises et on prépare le suivi des retombées pour ajuster la stratégie si nécessaire.

Application au cas de Leïna

Leïna élabore un plan commercial et marketing :

- canaux de vente principaux : commandes en ligne via son site web, ventes BtoB et ventes en marchés locaux ;
- partenariats : cafés partenaires pour des ventes éphémères ;
- KPI : nombre de commandes par mois, taux de satisfaction client, chiffre d'affaires mensuel.

Elle crée un premier site web simple qu'elle paye au mois et envisage d'envoyer sa newsletter tous les mois. Elle décide également de faire un événement de lancement avec les personnes rencontrées qui étaient intéressées par son offre et de recueillir des premières commandes ou rendez-vous. Au moment du démarrage de son activité, elle aura une chaîne YouTube avec trois recettes. Enfin, elle planifie des actions de relance pour fidéliser sa clientèle, comme des promotions saisonnières et des programmes de parrainage.

Recommandations pour votre approche

- Aidez Leïna à valider les KPI pertinents pour suivre ses performances commerciales.
- Aidez-la à établir un calendrier éditorial et à automatiser certaines actions marketing.
- Encouragez-la à planifier des points réguliers pour analyser ses résultats et ajuster ses actions si nécessaire.

Aspects financiers

« Que se passe-t-il si je change mes prix dans ce sens ? Que se passe-t-il si j'opte pour une machine qui coûte plus cher mais qui me permet de produire 20 % de plus ? » Être suffisamment à l'aise avec son modèle économique pour pouvoir faire bouger les variables et en comprendre les conséquences financières est indispensable à ce stade. En fonction de la croissance du CA, l'entrepreneur ne sera-t-il pas obligé d'embaucher ou de sous-traiter une partie de sa production ? Ses dépenses de communication sont-elles en phase avec sa stratégie marketing ? Telles sont les questions à se poser. Il peut également s'agir de valider les sources de financement externes comme les subventions, les prêts bancaires ou le financement participatif.

Application au cas de Leïna

Leïna, qui souhaite lancer son atelier de pâtisseries bios, élabore son plan d'investissement initial et son compte de résultat prévisionnel sur un an. À chaque fois qu'une case est modifiée, Leïna est en mesure de comprendre les répercussions sur l'équilibre de son projet. À force de jouer avec ses hypothèses et au regard de tous les derniers éléments qu'elle a collecté en réalisant son étude de marché, elle souhaite arrêter son prix de vente initial. Elle a en effet, dans son étude de marché, valider cette nouvelle hypothèse. Pour assurer sa tranquillité financière dans la phase de lancement de l'activité, elle demande un prêt personnel à sa banque de 10 000 € et décide d'opter pour le maintien du bénéfice des allocations de France Travail, son CA prévisionnel lui permettant le cumul. Cela la conforte dans son choix de la forme de micro-entreprise dont elle a inclus les coûts sociaux dans son prévisionnel.

Recommandations pour votre approche

- Assurez-vous que Leïna est à l'aise avec la mécanique financière et qu'elle a les bonnes réactions. Cela lui permettra de comprendre et d'anticiper ses aspects financiers en fonction des imprévus qu'elle rencontrera lorsqu'elle sera en activité.

- Expliquez-lui bien que cette compréhension ne peut pas se déléguer à un comptable et qu'elle doit elle-même comprendre les bases de la logique financière. Un comptable sera utile lorsque son activité aura atteint un certain niveau de rentabilité.

Aspects juridiques

Maintenant que le porteur a identifié le statut approprié pour son démarrage d'activité et intégré les contraintes légales et/ou réglementaires liées à son exercice, dans certains cas, il a désormais trouvé une solution qui lui permet de satisfaire ses obligations professionnelles sans en subir des contraintes plus complexes.

Application au cas de Leïna

Leïna valide avec plusieurs entrepreneurs du secteur ainsi qu'avec un professionnel aguerri du domaine le meilleur moyen de respecter le « paquet hygiène » tout en minimisant au maximum le taux de perte de matières premières. De cette manière, elle arrive à améliorer de quelques points son taux de marge sans changer ses prix. Pour rappel, et au vu de son chiffre d'affaires, elle a décidé de démarrer son activité en micro-entreprise.

Recommandations pour votre approche

- Expliquez à Leïna les modalités de la démarche auprès du guichet unique de l'Inpi.
- Assistez-la dans la définition de son activité pour lui permettre d'étendre, si besoin, son offre.
- Orientez-la vers un établissement financier correspondant à ses besoins en limitant les coûts récurrents.

Prochaines étapes

Leïna a donc réalisé toutes les étapes de la Spirale et les trois premiers tours indispensables. Bien d'autres pourront également être envisagés si besoin ! Elle a ainsi identifié les actions suivantes pour la suite :

- déclarer sa micro-entreprise ;
- ouvrir un compte bancaire ;
- demander le maintien de l'ARE à France Travail ;

- contractualiser avec le restaurateur pour la mise à disposition de la cuisine ;
- décider de la date de lancement de son activité ;
- acheter son stock de matières premières ;
- concevoir son événement de lancement ;
- acheter un téléphone de meilleure qualité vidéo pour pouvoir enregistrer ses recettes et prendre des photos de ses gâteaux à destination de YouTube et Instagram.

Recommandations pour votre approche

- Listez précisément avec Leïna les différentes étapes.
- Élaborez avec elle le suivi du projet en détaillant les échéances, livrables et interlocuteurs de chaque étape dans le format qui lui convient le mieux.
- Validez le contenu des prochains rendez-vous.

DU DIAGNOSTIC INITIAL AUX ACTIONS CONCRÈTES

Le diagnostic projet n'est jamais figé : il évolue au fil des tours de la Spirale. Concrètement, voici comment le lien s'opère :

- *le diagnostic comme point de repère :* les informations recueillies lors du diagnostic servent de référence tout au long de l'accompagnement. À chaque itération, vous revenez sur ces points pour évaluer les progrès de l'entrepreneur et ajuster les actions ;
- *les itérations de la spirale pour affiner le diagnostic* : chaque tour de la Spirale apporte de nouvelles informations. Par exemple, une première étude de marché peut révéler des opportunités inattendues, nécessitant de réviser le modèle économique ou la stratégie commerciale. Le diagnostic est alors mis à jour en conséquence ;
- *le diagnostic pour orienter les priorités* : le diagnostic met en lumière les points forts et les axes d'amélioration. La méthode Spirale permet d'aborder ces priorités de manière progressive et ciblée, en fonction des besoins spécifiques du porteur.

Avec Leïna, le diagnostic initial avait permis d'identifier ses compétences en pâtisserie artisanale, ses lacunes en gestion et marketing, son besoin de structurer son modèle économique et de clarifier sa proposition de valeur. Grâce à la méthode Spirale, ces éléments ont été approfondis à chaque cycle :

- tour 1 : Leïna a identifié les grandes tendances du marché et esquissé son offre ;
- tour 2 : elle a affiné sa stratégie commerciale et commencé une modélisation financière ;
- tour 3 : elle a avancé sur sa stratégie de communication et élaboré son plan d'action pour les prochaines étapes.

Le diagnostic intègre ainsi tous les avancements du projet, chaque étape de la Spirale venant enrichir et affiner la maîtrise de son projet.

Partie 3

LA PHASE DE DÉMARRAGE

Comprendre la phase de démarrage

Bienvenue là où tout commence, la phase où une idée germe timidement dans l'esprit de votre porteur de projet et commence à prendre forme. Cette étape, que l'on appelle la *phase de démarrage*, est aussi passionnante que délicate. Elle représente l'instant où les futurs entrepreneurs découvrent l'étendue des possibles, mais se confrontent également à leurs premières incertitudes. En tant que conseiller en création d'entreprise, votre rôle ici est central : vous êtes le guide qui les aide à structurer leurs pensées, à poser les premières bases solides et à transformer leurs aspirations en un projet viable.

Cependant, cette phase ne se limite pas à l'élaboration d'idées. C'est une période où les émotions sont intenses, où l'excitation de l'entrepreneuriat cohabite souvent avec la peur de l'échec et des enjeux sociaux. Comprendre cette dynamique et accompagner vos porteurs de projet dans cette transition est l'une des facettes les plus importantes de votre métier.

Qu'est-ce que la phase de démarrage ?

Pour un futur entrepreneur, cette étape peut sembler très floue. Elle débute par une idée, parfois encore imprécise, et se termine lorsque cette idée est suffisamment mûre pour passer à des étapes plus concrètes, comme la validation de marché ou la création d'un plan d'action. Entre ces deux points, le chemin peut paraître compliqué. C'est là que vous intervenez.

La phase de démarrage se caractérise ainsi par trois dimensions majeures.

1. *L'exploration des motivations personnelles et professionnelles* : pourquoi entreprendre ? Quelle est la véritable motivation derrière ce projet ?
2. *La structuration de l'idée* : comment clarifier une vision encore imprécise pour en faire une première esquisse de projet ?
3. *La gestion des premières incertitudes* : comment aider vos porteurs de projet à naviguer entre enthousiasme, doute et besoin de sécurité ?

Votre rôle est d'aider l'entrepreneur à mettre de l'ordre dans ce processus et à répondre aux questions fondamentales qu'il se pose, parfois sans même s'en rendre compte.

Pourquoi cette phase est-elle si importante ?

De nombreux projets échouent non pas à cause d'un manque de compétences techniques ou financières, mais parce que, du fait d'un manque d'accompagnement global, ceux-ci reposent sur des bases fragiles et trop d'incertitudes dès le départ. La phase de démarrage est l'occasion de consolider ces bases. Elle vous permet de guider vos porteurs de projet pour :

- *clarifier leurs objectifs :* qu'espèrent-ils accomplir, à la fois pour eux-mêmes et pour leur future entreprise ?
- *explorer leur vision* : quel problème veulent-ils résoudre ou quelle opportunité souhaitent-ils saisir ?
- *éviter les écueils classiques :* bien des entrepreneurs se laissent emporter par l'excitation de leur idée sans réfléchir à sa faisabilité ou à ses implications concrètes.

Rappelez-vous : ce que vos porteurs de projet construisent aujourd'hui définit la solidité de leur projet à long terme.

Les entrepreneurs face à leurs premières difficultés

Durant cette phase, les futurs entrepreneurs rencontrent donc généralement des problématiques récurrentes que vous avez probablement déjà observées.

1. *Le manque de méthodologie : « Je ne sais pas ce qu'il faut faire, ni comment... »* Les porteurs de projet n'ont pas « appris » à entreprendre, pour la simple et bonne raison qu'il n'y a pas de méthode type. C'est souvent pour cela qu'ils ont besoin d'accompagnement.

2. *Le flou des objectifs : « Je ne sais pas où je veux aller avec mon projet. »* Les porteurs de projet hésitent, manquent de clarté ou ne savent pas par où commencer. Leur vision reste diffuse, rendant difficile toute démarche concrète.

3. *La peur de l'échec : « Et si je faisais un mauvais choix ? »* L'incertitude les paralyse. Ils craignent de s'engager dans une voie sans issue, ce qui peut ralentir leur progression.

4. *La surcharge d'informations : « Je lis tout et son contraire sur Internet. »* L'abondance de conseils et de méthodes disponibles peut être déroutante. Les futurs entrepreneurs ont besoin d'un guide pour naviguer dans cet océan d'informations.

5. *La pression sociale : « Comment justifier mon choix profond auprès de mon entourage ? »* Un porteur ayant un statut professionnel peut avoir du mal à énoncer son réel désir d'entreprise par rapport à celui-ci. Il est fréquent qu'un premier projet soit énoncé car correspondant à ce que le porteur imagine qu'il faille faire, alors qu'un vrai projet plus en adéquation avec ses envies profondes lui semble moins énonçable dans son environnement social (familial, amical, professionnel...).

En comprenant ces obstacles, vous êtes mieux armé pour apporter des réponses adaptées et pour poser les fondations d'un accompagnement efficace.

Les clés d'un accompagnement réussi dans la phase de démarrage

Accompagner un porteur de projet dans cette phase demande ainsi méthodologie et empathie. Voici quelques principes pour structurer votre démarche.

1. *Écoutez activement* : laissez l'entrepreneur s'exprimer librement. Prenez le temps de comprendre ses motivations profondes. Qu'est-ce qui l'a poussé à envisager ce projet ? Quelles sont ses peurs et ses aspirations ?

2. *Posez les bonnes questions* : plutôt que d'apporter directement des solutions, guidez votre porteur de projet en l'aidant à explorer ses idées. Des questions comme « Qu'est-ce qui vous passionne dans cette idée ? » ou « À quoi ressemblerait le succès pour vous dans cinq ans ? » peuvent débloquer des réflexions précieuses.

3. *Introduisez des outils simples* : utilisez des méthodes accessibles pour structurer sa pensée. Par exemple le mind mapping pour organiser ses idées, un tableau de visualisation pour visualiser ses rêves et ambitions, des listes de priorités pour hiérarchiser ses objectifs, etc.
4. *Proposez une progression par étapes :* la méthode Spirale (vue dans les parties 1 et 2) est particulièrement adaptée à cette phase. Elle encourage le porteur de projet à avancer par cercles successifs, où chaque nouvelle étape permet de revenir sur les précédentes pour les ajuster.

Un rôle stratégique pour le conseiller

Dans cette phase, votre posture est donc déterminante. Soyez chaleureux et accessible ! En effet, vos porteurs de projet doivent sentir que vous êtes un professionnel de la création d'entreprise et qu'ils peuvent vous faire confiance pour exprimer leurs doutes sans crainte d'être jugés. Aussi, encouragez la prise de recul en les aidant à ne pas se laisser submerger par l'émotion ou l'urgence. Un pas à la fois suffit. Enfin, responsabilisez-les. Rappelez-leur que le succès de leur projet repose avant tout sur leur engagement. Vous êtes là pour les accompagner, pas pour faire les choses à leur place. Un point de vigilance est de veiller à ne pas se laisser entraîner sur une idée qui fait écho à vos envies ou idées et perdre le contrôle ou votre objectivité.

Les interrogations suivantes vous permettront ainsi d'approfondir chacune des étapes de cette phase de démarrage et de découvrir chaque problématique, avec des outils, des exemples et des cas pratiques conçus pour enrichir votre approche. Toutefois, dès maintenant, rappelez-vous : chaque grand projet commence par une petite graine et votre mission est d'aider les entrepreneurs à la cultiver.

« J'ai une idée, mais je ne sais pas par où commencer »

Mettre en mouvement un porteur de projet paralysé

Lorsqu'un futur entrepreneur arrive avec une idée sans savoir par où commencer, il est souvent confronté à des obstacles paralysants. Pour vous, cette situation peut sembler familière : un mélange d'enthousiasme, d'incertitudes et parfois de peur de l'échec.

Quels sont les obstacles liés à cette situation ?

Trois obstacles majeurs surgissent souvent à ce stade du projet.

- *La difficulté à structurer une idée.* Bien des porteurs de projet se noient dans les détails ou, au contraire, ne savent pas par où commencer pour donner une forme concrète à leur idée. Ils sont nombreux à se perdre dans trop d'informations : cela peut créer un sentiment de stagnation et développer une incapacité à savoir ce qui est important. L'idée reste à l'état de concept.
- *Le syndrome de l'imposteur.* Nombre d'entrepreneurs ne se sentent pas légitimes à développer leur projet (ou même tout simplement à devenir entrepreneur) : il est donc courant qu'ils commencent par se cacher derrière leur ordinateur tout en cherchant à éviter au maximum à se confronter au terrain.
- *La crainte de s'engager trop tôt.* La peur de prendre de mauvaises décisions ou de gaspiller des ressources (temps, argent, énergie) est fréquente. Elle

mène souvent à une paralysie face au projet ou, pire encore, à l'abandon prématuré de l'idée.

Dès cette phase, je tiens à vous rappeler que votre objectif est double : rassurez le porteur de projet sur le fait qu'aucune décision n'est gravée dans le marbre et fournissez-lui une méthode simple pour structurer et tester son idée sans risques majeurs.

Comment résoudre le syndrome de la feuille blanche ?

Identifier la valeur ajoutée de l'idée

La première étape consiste à répondre à la question : « Pourquoi cette idée est-elle intéressante ? » Ici, il s'agit d'explorer la valeur ajoutée qu'elle apporte à une cible. Posez-lui des questions comme les suivantes.

- À quel besoin répond votre idée ?
- Qui en bénéficierait ? (Définir une cible primaire.)
- Quelle est la différence par rapport à ce qui existe déjà sur le marché ?

Valider la faisabilité

Une fois que la valeur ajoutée est identifiée, vérifiez si l'idée tient la route sur le plan pratique en posant les questions suivantes.

- Qu'avez-vous à disposition en termes de temps, compétences, réseau ?
- Quels sont vos principaux obstacles (financiers, techniques, administratifs) ?
- Existe-t-il un public intéressé ou un problème réel à résoudre ?

Ici, deux outils peuvent vous aider à guider le porteur de projet :

- la matrice SWOT pour identifier les forces, faiblesses, opportunités et menaces liées au projet ;
- le Business Model Canvas (BMC), outil visuel qui permet de cartographier les aspects essentiels de l'idée.

À ce stade, il est inutile de pousser l'analyse trop loin. Rassurez l'entrepreneur : des outils plus approfondis (comme une étude de marché) viendront quand il aura plus avancé sur son projet. Votre rôle est de l'aider à poser les bases. Et si vous souhaitez en savoir plus sur la faisabilité d'un projet, rendez-vous dans les annexes.

Éviter la paralysie par l'action

Introduisez ensuite des micro-étapes à atteindre, comme la réalisation d'un MVP (*Minimum Viable Product*). Expliquez que tester une version simplifiée de son idée, par exemple auprès de dix personnes, permettra d'obtenir des retours concrets et d'ajuster son projet sans risquer de perdre trop de ressources.

Aider le porteur de projet à « s'autoriser »

Dans la plupart des cas, un individu identifie plus facilement ses faiblesses que ses forces, ses défauts plutôt que ses qualités. Votre rôle d'accompagnant est de l'aider à formaliser les points positifs en lui permettant de s'autoriser à être bon, courageux, travailleur et surtout d'être la bonne personne pour mener à bien son projet et le faire croître. En effet, ce n'est pas seulement vous ou des personnes proches qui pouvez le rassurer ou le conforter, c'est à lui seul d'assumer qu'il est la personne adéquate en s'autorisant à l'être.

Dans la phase de création, beaucoup de doutes et de questions affluent et le porteur de projet a rapidement le sentiment d'être submergé et de ne pas être à même de réaliser ou de faire aboutir son projet. Votre rôle est de l'aider à accepter d'être à la bonne place au bon moment. Ce doute est encore plus évident pour les porteurs qui sont en rupture (perte d'emploi, situation familiale complexe…). L'attention et l'écoute vous permettent alors de renforcer le porteur de projet et d'aller de l'avant.

Les erreurs courantes à éviter

- *Se perdre dans les détails inutiles* : créer un logo parfait ou choisir le meilleur nom avant même de valider l'idée peut devenir une excuse pour éviter d'agir. Votre rôle ? Réorienter l'entrepreneur vers des objectifs macro comme tester rapidement l'idée.
- *Éviter le contact avec le terrain* : l'entrepreneur doit parler à ses futurs clients, tester son idée et s'immerger dans la réalité du marché. Votre rôle ? Fixer des micro-objectifs concrets, comme rencontrer dix prospects ou simuler une version simplifiée de son offre.

CAS PRATIQUE

Marc et son application de gestion du temps

Marc, 34 ans, souhaite lancer une application sur smartphone pour aider les utilisateurs à mieux organiser leur temps. Toutefois, il se sent submergé par l'ampleur de la tâche, craint de ne pas trouver de clients et se retrouve de ce fait paralysé dans son projet.

Étape 1 : identifier la valeur ajoutée

Vous guidez Marc à répondre à une question clé : « Pourquoi les utilisateurs choisiraient votre application plutôt qu'un agenda classique ou une autre application ? » Marc comprend alors que son idée unique est d'introduire des mécanismes de gamification pour rendre l'organisation motivante.

Étape 2 : valider la faisabilité

Ensemble, vous construisez une matrice SWOT :

- *force :* expertise en gestion de projet ;
- *faiblesses :* aucunes compétences en développement, monétisation ;

↓

O *opportunité* : croissance de la demande pour des outils numériques de productivité ;

O *menace* : concurrence intense dans les applications de gestion de temps.

Avec le BMC, vous identifiez les premiers partenaires potentiels (développeurs freelances) et les canaux de distribution (app stores).

Étape 3 : tester l'idée sans risques

Vous conseillez à Marc de créer un prototype papier ou numérique simplifié qu'il partage avec dix utilisateurs cibles, voire de proposer l'application en freemium. Ces retours l'aident à affiner son projet avant d'investir dans un développement coûteux.

Conclusion : activer le mouvement pour bâtir des bases solides

Aider un porteur de projet à transformer une idée en action commence par clarifier sa vision et lui montrer qu'il peut avancer par étapes. Grâce à des outils comme la matrice SWOT et le BMC, et en définissant des objectifs concrets, vous permettez à l'entrepreneur de progresser sans attendre une perfection illusoire.

En tant que conseiller, votre rôle est d'être un catalyseur. Avec votre soutien, l'entrepreneur peut surmonter ses peurs et se mettre en mouvement pour son projet qui semblait, au départ, une montagne infranchissable.

« Je ne sais pas où je veux aller avec mon projet »

Identifier et clarifier les objectifs du porteur de projet

Lorsqu'un entrepreneur explique qu'il ne sait pas où il veut aller avec son projet, cela provient souvent d'un sentiment de confusion. Ce sentiment peut alors paralyser même les plus motivés ! En tant que conseiller en création d'entreprise, vous aidez à transformer ces doutes en objectifs atteignables.

Notez tout de même que chaque entrepreneur aborde cette confusion différemment, en fonction de sa personnalité et de son profil. Comprendre le type d'entrepreneur que vous accompagnez peut vous donner des indices précieux sur les meilleures approches pour l'aider à clarifier ses objectifs (voir chapitre 3).

Les causes de la confusion chez l'entrepreneur

Plusieurs raisons peuvent expliquer ce flou initial. Identifier ces causes vous aidera à orienter votre accompagnement.

1. *La paralysie par excès d'options.* Face à une multitude d'idées, le porteur de projet se retrouve submergé. Si nous partons sur l'exemple d'un porteur de projet qui souhaite se lancer dans la sophrologie, il peut se demander par exemple : « Dois-je travailler avec des entreprises ou des particuliers ? Dois-je proposer des ateliers de sophrologie, des week-ends découvertes, des formations, etc. ? » Trop de choix freinent la prise de décision et laissent l'entrepreneur dans le flou.

2. *La peur de l'échec.* Derrière ce doute se cache souvent la crainte de prendre une mauvaise direction. Cette peur peut empêcher le porteur de projet d'avancer, le poussant à rester dans un état de réflexion permanente sans jamais poser la première pierre de son projet.

3. *Le manque de vision globale.* Certains entrepreneurs ont une idée floue et peinent à imaginer un chemin clair. Ils ne savent pas comment articuler leur projet avec leurs aspirations profondes ou leurs moyens disponibles.

Explorer les valeurs fondamentales du porteur de projet

Lorsqu'un entrepreneur est confus sur la direction à prendre, cela peut être parce qu'il n'a pas clairement identifié ce qui compte profondément pour lui. En tant que conseiller, aider votre porteur de projet à explorer ses valeurs et convictions permet de clarifier ses choix et d'aligner ses objectifs sur ce qui a réellement du sens pour lui. Attention aux valeurs de circonstances qui relèvent plus de l'opportunisme que du fond (greenwashing…) !

Qu'entend-on par valeurs fondamentales ?

Les valeurs fondamentales sont des convictions représentant les principes et croyances qui guident les actions et décisions d'une personne. Elles définissent ce qui est important à ses yeux. Cela peut être la liberté, l'impact social, la créativité, la stabilité financière, etc.

Alors, peut-être vous demandez-vous pourquoi faut-il toujours évaluer les valeurs de l'entrepreneur ? Pour trois raisons principales :

- un projet aligné avec les valeurs du futur entrepreneur a plus de chances de le motiver sur le long terme ;
- lorsqu'un choix s'aligne avec des valeurs profondes, il est plus facile à assumer ;
- les décisions non alignées avec les valeurs peuvent mener à l'insatisfaction et au désengagement.

Techniques pour aider le porteur de projet à identifier ses valeurs

Voici deux petits exercices qui peuvent aider votre entrepreneur à statuer sur ce qui le motive au quotidien.

- *L'exercice sur les valeurs.* Présentez-lui une liste de valeurs (liberté, succès, reconnaissance, entraide, etc.). Demandez-lui d'en sélectionner cinq. Ensuite, priorisez-les ensemble.
- *Le questionnement introspectif.* Posez-lui des questions comme « Quels moments de votre vie vous ont procuré le plus de satisfaction ? Quelles causes ou principes défendez-vous avec conviction ? Quelles situations vous mettent le plus en colère ou vous frustrent ? » (Les frustrations révèlent souvent des valeurs bafouées).

Une fois les valeurs du porteur identifiées, reliez-les aux objectifs du projet. Par exemple :

- si la valeur principale est la liberté, orientez le projet vers une structure flexible (micro-entrepreneur, services en ligne, etc.) ;
- si la valeur est l'impact social, explorez des projets à vocation associative ou entrepreneuriale sociale.

Lors des choix stratégiques (positionnement, offre, partenaires), pensez toujours à demander au porteur de projet : « Cette décision reflète-t-elle vos valeurs ? »

Clarifier des objectifs en cohérence avec les valeurs

En tant que conseiller, votre rôle est d'aider le futur entrepreneur à faire le tri dans ses idées et à tracer une direction claire, en vous basant sur ses valeurs. Voici comment y parvenir.

- Commencez par lui poser des questions structurantes : « Qu'est-ce qui vous motive à lancer ce projet ? Si vous aviez la certitude de réussir, que voudriez-vous accomplir ? Quelles valeurs ou passions voulez-vous incarner à travers ce projet ? »

- *Travaillez avec le futur entrepreneur pour définir un objectif SMART* (spécifique, mesurable, atteignable, réaliste et temporel). Par exemple : « Proposer trois ateliers bien-être dans les entreprises dans les six prochains mois. »

Introduire le principe d'effectuation

Lorsqu'un entrepreneur peine à définir clairement son objectif, c'est souvent parce qu'il se retrouve face à des incertitudes et qu'il a (parfois) des ressources limitées. Il peut en effet être tentant de chercher à tout prévoir en détail, mais cette approche classique – la causalité – peut accentuer la paralysie. C'est ici qu'intervient l'effectuation, une méthode qui aide à avancer en s'appuyant sur ce que l'on a sous la main, plutôt qu'en cherchant à atteindre immédiatement un objectif défini.

En tant que conseiller, introduire cette méthode auprès de vos porteurs de projet peut être une clé précieuse pour les débloquer, notamment lorsqu'ils sont freinés par la peur de se tromper ou par un sentiment de manque de moyens.

Les cinq principes de l'effectuation

- **Faire avec ce que l'on a**

Ce principe souligne l'importance de partir des ressources déjà disponibles : compétences, expériences, réseaux et aspirations. Le porteur de projet ne doit pas attendre des ressources idéales, mais se concentrer sur ce qu'il peut mobiliser immédiatement.

En tant que conseiller, vous aidez l'entrepreneur à identifier ses atouts actuels avec des questions comme : « Quelles compétences maîtrisez-vous déjà ? Quelles ressources pouvez-vous utiliser immédiatement (temps, argent, contacts) ? »

- **La perte acceptable**

Ce second principe consiste à évaluer ce que l'on est prêt à perdre plutôt que ce que l'on espère gagner. Plutôt que de viser un retour sur investissement hypothétique, ce principe encourage à définir les pertes maximales acceptables. Cela limite les risques tout en permettant d'avancer progressivement.

En tant que conseiller, vous encouragez le porteur de projet à répondre à ces questions : « Quel est le montant maximum que vous pouvez investir sans mettre en péril votre sécurité financière ? Quelles concessions êtes-vous prêt à faire pour tester votre projet ? »

▬ Le patchwork fou

Ce troisième principe consiste à coconstruire son projet avec des parties prenantes. Ce principe repose sur l'idée d'intégrer des partenaires, clients ou mentors dès les premières étapes. Ces collaborations enrichissent le projet grâce à des perspectives extérieures et partagent les risques.

En tant que conseiller, vous guidez l'entrepreneur vers des partenariats stratégiques avec des questions telles que : « Avec qui pourriez-vous collaborer pour avancer plus vite ? Quels partenaires potentiels partageraient votre vision ? »

▬ La limonade

Ou comment transformer des surprises en opportunités ! L'entrepreneuriat est rempli d'imprévus. Ce principe invite à accepter ces surprises comme des occasions de redéfinir et d'améliorer le projet.

En tant que conseiller, vous aidez le porteur de projet à changer de perspective en lui demandant : « Comment pourriez-vous tirer parti d'un échec ou d'un imprévu ? Quelles opportunités inattendues pourraient se présenter ? »

▬ Le pilote dans l'avion

Enfin, ce dernier principe revient à contrôler l'avenir en fonction des actions entreprises. Ce principe souligne que l'entrepreneur ne subit pas les tendances extérieures mais construit son avenir en fonction de ses choix. Plutôt que d'anticiper, il agit et adapte son projet en continu.

En tant que conseiller, vous renforcez l'idée que le porteur de projet peut influencer son propre succès : « Quelles actions immédiates pourriez-vous entreprendre pour avancer ? Comment pouvez-vous tester vos idées sans attendre des conditions parfaites ? »

Entreprendre de manière effectuale

Madame Tao est née dans une famille modeste en Chine. Afin de lier les deux bouts, elle commence avec les moyens qu'elle a sous la main : quelques ingrédients simples et son talent pour cuisiner du riz et des légumes. Elle ouvre un petit stand près d'un établissement scolaire et propose des bols de riz à bas prix aux étudiants (*faire avec ce que l'on a*). Pour limiter les risques, elle avance par petits pas : elle ne dépense que ce qu'elle peut se permettre de perdre et adapte son offre selon ses capacités financières du moment (*perte acceptable*).

Les étudiants ne sont pas seulement ses clients, ils deviennent ses partenaires indirects. En lui donnant des retours positifs et en faisant connaître son stand par le bouche-à-oreille, ils l'aident à développer son activité. Elle crée ainsi un réseau de soutien qui contribue à son succès (*patchwork fou*).

Puis, quelque chose change le cours de son projet : ses clients réclament sa sauce plutôt que ses nouilles. Plutôt que de voir cela comme un problème, elle saisit cette opportunité pour vendre la sauce séparément, répondant ainsi à une demande inattendue (*limonade*). Enfin, malgré sa situation sociale initiale, Madame Tao refuse de se laisser dicter son destin. Elle transforme son petit restaurant en une usine de production de sauce, imposant son produit sur le marché chinois et international. Elle ne subit pas les circonstances, elle les maîtrise en prenant des décisions qui orientent son avenir (*pilote dans l'avion*).

Aujourd'hui, sa sauce Lao Gan Ma est devenue un produit iconique en Chine, générant des millions de dollars de chiffre d'affaires. Cette *success story* montre ainsi qu'avec une approche effectuale, même ceux qui semblent avoir peu de ressources peuvent piloter leur succès et s'imposer contre toute attente.

L'effectuation est ici une approche particulièrement adaptée aux porteurs de projet en phase de démarrage. En tant que conseiller, intégrer ces cinq principes dans votre méthode d'accompagnement vous permettra d'aider vos porteurs de projet à adopter une posture proactive, créative et résiliente face à l'incertitude. En effet, l'accompagnement basé sur l'effectuation vise à lever les blocages qui empêchent les porteurs de projet d'avancer. Il s'agit de remettre en question des idées paralysantes, comme celle de chercher l'idée parfaite avant de se lancer. L'objectif est d'inciter l'entrepreneur à passer de la réflexion à l'action en illustrant les principes clés de l'effectuation. Votre mantra ? « Arrête de passer des heures à peaufiner ton idée, va plutôt tester ton projet sur le terrain en échangeant avec des parties prenantes. »

Effectuation vs. causalité

Dans la phase de démarrage d'un projet entrepreneurial, choisir la bonne méthode pour structurer ses actions et ses réflexions est une étape clé. Deux approches majeures se distinguent alors : la causalité, méthode classique et méthodique, et l'effectuation, plus flexible et adaptée à l'incertitude. Chacune de ces approches présente des avantages et des limites. En tant que conseiller, vous devez maîtriser ces méthodologies pour guider vos porteurs de projet dans la direction qui correspond le mieux à leur profil et à leur projet.

Qu'est-ce que la causalité ?

La causalité repose sur une approche linéaire et logique de la planification. Elle consiste à fixer un objectif clair, élaborer un plan détaillé pour atteindre cet objectif, mobiliser les ressources nécessaires et suivre un calendrier préétabli.

Par exemple, un entrepreneur qui souhaite ouvrir un restaurant haut de gamme définit d'abord son concept, identifie son public cible, calcule son budget et déroule son plan étape par étape.

AVANTAGES	INCONVÉNIENTS
Clarté et structure : méthode idéale pour les entrepreneurs ayant une vision précise de leur objectif. Elle permet de découper le projet en étapes claires et mesurables, favorisant la gestion des ressources et des délais.	**Risque de rigidité** : face à des imprévus, un plan trop détaillé peut se révéler difficile à adapter, créant frustration et perte de temps.
Facilité de communication : les plans détaillés rassurent les investisseurs et partenaires qui peuvent facilement visualiser les étapes du projet.	**Besoins élevés en ressources** : méthode qui exige des ressources importantes dès le départ (temps, argent, expertise), ce qui peut décourager certains entrepreneurs.
Anticipation des risques : la causalité permet de prévoir les obstacles potentiels et de planifier des solutions en amont.	**Limitée dans les environnements incertains** : si le marché ou les conditions évoluent rapidement, l'approche causale peut devenir obsolète avant même que le projet ne démarre.

Qu'est-ce que l'effectuation ?

L'effectuation est une approche pragmatique et itérative, centrée sur les moyens disponibles plutôt que sur un objectif préétabli. Elle repose sur cinq grands principes précédemment exposés.

Pour comprendre le contraste avec la causalité, prenons un exemple. Un entrepreneur souhaite lancer une application mobile pour free-lances. Il peut commencer par proposer un groupe de discussion en ligne, recueillir des retours, puis développer des fonctionnalités au fur et à mesure.

AVANTAGES	INCONVÉNIENTS
Flexibilité et adaptabilité : approche particulièrement efficace dans les environnements incertains ou changeants.	**Absence de vision claire** : méthode pouvant frustrer les entrepreneurs habitués à des plans bien définis.
Réduction des coûts initiaux : permet de commencer petit, limitant les investissements risqués.	**Risque de dispersion** : sans objectif fixe, certains projets peuvent manquer de cohérence ou de direction.
Valorisation du réseau : les interactions avec des partenaires ou clients potentiels enrichissent le projet et favorisent des collaborations précoces.	**Difficultés à convaincre les investisseurs traditionnels :** les parties prenantes extérieures, comme les banques ou les fonds d'investissement, préfèrent souvent des projets structurés selon une approche causale.

CAS PRATIQUE

Paul, un créateur en quête de méthode

Paul, passionné de photographie, envisage de créer une plateforme en ligne pour mettre en relation les photographes amateurs et des clients à petit budget. Il se pose des questions sur la façon de présenter clairement son projet et de se rendre visible.

Vous lui proposez d'élaborer la liste de ses valeurs. Il en ressort que les plus fondamentales sont l'autonomie, l'intégrité et la fiabilité. À partir de celles-ci il décide que cette plateforme sera collaborative et qu'il mettra en place une modération permettant d'assurer la qualité des photographies proposées et leur authenticité.

Pour avancer sur la définition plus précise de son offre, il hésite entre les deux approches :

- *approche causale :* Paul pourrait définir un business plan détaillé, engager un développeur pour créer la plateforme et investir dans une campagne de communication avant de tester l'idée.
- *approche effectuale :* Paul pourrait commencer par utiliser un groupe Facebook pour mettre en relation des photographes et des clients, recueillir des retours et adapter son concept avant de développer une plateforme plus sophistiquée.

Avec votre aide, Paul choisit l'effectuation pour minimiser les risques et recueillir rapidement des données sur les besoins des utilisateurs. Il choisit donc de démarrer dès la fin de votre premier rendez-vous, en créant une page Instagram pour être au contact de ses futurs clients et pour commencer à créer sa communauté. Cette démarche lui permet de développer un projet concret sans engager de fonds importants, d'être dans l'action et d'apprendre au contact de son marché. L'avantage avec cette méthode est que Paul va très rapidement dans l'action, alors que s'il avait choisi une approche causale, il aurait pu travailler plusieurs mois sans même connaître sa cible car il ne travaille pas avec elle au quotidien.

Conclusion : et la méthode Spirale dans tout ça ?

La méthode Spirale, qui consiste à avancer de manière itérative, est donc particulièrement efficace pour aider un porteur de projet à identifier et clarifier ses objectifs, même s'il ne sait par où commencer. En effet, chaque jalon permet de maintenir la motivation et de réduire la peur liée à l'ampleur du projet, en divisant le parcours entrepreneurial en jalons clairs.

Rapidement, lorsqu'on traite du porteur de projet et de son offre, on aborde, dans l'outil « Les clés du projet », ses valeurs et la façon dont il va les intégrer à son offre et en faire un argument de vente. L'évolution du projet n'est pas linéaire, les idées changent ou évoluent, les valeurs aussi ! Vous devrez parfois revenir dessus si elles ne semblent plus pertinentes pour le projet. Comme pour toutes les autres dimensions de la méthode Spirale, il pourra être nécessaire de revoir la cohérence d'ensemble.

Par ailleurs, la méthode Spirale intègre les principes d'effectuation et de causalité tout au long des différentes phases de développement entrepreneurial. Lors des premières étapes de la Spirale, notamment la phase de démarrage et d'expérimentation, l'approche effectuale domine : l'entrepreneur navigue dans l'incertitude en mobilisant les ressources à sa disposition, en adaptant son projet en fonction des retours et en tirant parti des opportunités imprévues. À mesure que le projet se consolide et entame sa phase de croissance, une approche causale devient nécessaire pour structurer le modèle économique, prévoir les opérations et assurer une croissance maîtrisée. Ainsi, la méthode Spirale ne privilégie pas une approche au détriment de l'autre, mais permet une coexistence dynamique de ces deux logiques, reflétant la complexité et l'évolution progressive du processus entrepreneurial.

Quelques outils pratiques pour structurer la réflexion

- Posez des questions telles que : « Quel impact voulez-vous avoir sur vos clients ? Quelles ressources (temps, argent, compétences) pouvez-vous mobiliser ? »
- Proposez au porteur de projet de créer un tableau de visualisation. C'est un support visuel (photos, mots-clés, schémas, citations, etc.) qui permet de synthétiser les aspirations et d'imaginer un futur idéal.
- Utilisez le brainstorming pour poser les idées, puis faire le tri et rapprocher les éléments permettant de définir une offre cohérente : à quelle offre correspond cette idée ? À destination de quelle population ?
- Encouragez la création d'une carte mentale pour explorer toutes les idées autour du projet. Le côté visuel de cet outil aide souvent le porteur de projet à identifier des priorités.

« *Et si je me plante ?* »

Gérer les craintes et les doutes

La peur de l'échec est l'un des freins les plus puissants pour les entrepreneurs en devenir. Elle paralyse les idées, amplifie les doutes et ralentit les décisions. En tant que conseiller, je tiens à vous rappeler qu'il est essentiel que vous identifiiez les sources de cette peur, afin d'offrir des outils concrets pour la gérer et transformer cette appréhension en moteur d'action.

Comprendre la peur pour mieux la désamorcer

Avant de proposer des solutions, vous devez comprendre ce qui nourrit la peur de l'échec. Il y a, selon moi, quatre sources principales de doutes rencontrées par les entrepreneurs.

1. *La peur de l'instabilité financière.* Beaucoup redoutent de ne pas générer assez de revenus pour subvenir à leurs besoins ou ceux de leur famille. Cette peur est particulièrement forte chez ceux qui quittent un emploi stable pour se lancer dans l'entrepreneuriat.
2. *La peur de décevoir.* Les porteurs de projet craignent souvent de ne pas être à la hauteur des attentes de leurs proches ou de leurs investisseurs. Ils s'imposent une pression parfois démesurée pour réussir.
3. *La peur de manquer de compétences.* Nombreuses sont les personnes qui ne se lancent pas en entrepreneuriat par crainte de ne pas être faites pour ça. Alors que, comme pour tout, les compétences entrepreneuriales peuvent s'acquérir.

4. *La peur d'être seul et isolé.* L'entrepreneuriat peut paraître solitaire, surtout dans les phases initiales où l'entrepreneur doit porter seul tous les aspects du projet. Cette solitude renforce les doutes et le sentiment d'insécurité.

Gérer l'isolement de l'entrepreneur

L'isolement est une réalité que bien des entrepreneurs rencontrent. Heureusement, il existe plusieurs façons de rompre cet isolement et de créer un environnement de soutien.

- **Rejoindre des réseaux d'entrepreneurs**

Encouragez les entrepreneurs à intégrer des réseaux locaux ou en ligne. Ces espaces permettent de partager des expériences, de poser des questions et de trouver du soutien moral. Par exemple, les Chambres de commerce et d'industrie (CCI) proposent souvent des événements et des clubs d'entrepreneurs, BNI est un espace de rencontre efficace pour développer son réseau. Aussi, des plateformes en ligne comme Meetup ou LinkedIn regroupent des communautés par secteur ou intérêt.

- **Créer des partenariats ou chercher un mentor**

Un mentor peut offrir une perspective extérieure précieuse et guider l'entrepreneur dans ses décisions. Les partenariats, eux, permettent de mutualiser les responsabilités et de réduire la solitude. Si le porteur de projet parvient à développer un petit réseau d'entrepreneurs, c'est encore mieux ! Qu'il s'agisse d'entrepreneurs du secteur, d'autres porteurs de projet, de mentors, avoir quatre à cinq entrepreneurs qui partagent les mêmes problématiques à appeler peut aider énormément.

- **Utiliser les espaces de coworking ou des pépinières d'entreprises**

Ces lieux sont parfaits pour travailler en autonomie tout en bénéficiant d'un environnement social. Ils favorisent également les échanges informels et les opportunités de collaboration.

■ Développer des routines pour le bien-être

Un entrepreneur isolé peut se perdre dans une spirale de travail incessant. Encouragez-le à adopter des habitudes comme pratiquer des activités physiques ou créatives (personnellement, je cours toutes les semaines et fais beaucoup de randonnées !), ou maintenir une vie sociale en dehors du travail.

■ Encourager l'expérimentation

Expliquez aux futurs entrepreneurs qu'il est possible de tester leur idée sans risquer gros. Cela les aide à avancer malgré leurs doutes. Ils peuvent pour cela :

- faire un MVP (*Minimum Viable Product*), soit créer une version simplifiée de leur produit ou service pour tester la réaction du marché ;
- réaliser des études de terrain : interroger des clients potentiels pour valider les besoins ou recueillir des idées d'amélioration. Cela signifie qu'il faut se lancer et apprendre au contact de ses clients (au lieu de s'imaginer ce que des clients pourraient vouloir).

■ Replacer l'échec comme une source d'apprentissage

L'échec n'est pas une finalité, mais une opportunité de progresser. Les plus grands entrepreneurs ont souvent connu des revers avant de réussir. Racontez des anecdotes célèbres, comme celles de Thomas Edison qui a échoué des milliers de fois avant d'inventer l'ampoule. Encouragez vos porteurs de projet à voir leurs erreurs comme des étapes vers une meilleure version de leur projet.

■ Dédramatiser avec des scénarios concrets

Aidez les entrepreneurs à anticiper et visualiser les conséquences d'un éventuel échec. Vous pouvez utiliser ici un outil concret : la matrice des risques. Pour ce faire :

- identifiez avec eux les risques principaux ;
- classez-les selon deux axes : leur probabilité d'occurrence et leur impact ;
- discutez des mesures possibles pour réduire ou gérer chaque risque.

Je vous recommande de leur poser des questions telles que : « Et si votre produit ne se vend pas comme prévu ? Et si vous deviez abandonner le projet ? » Pour réduire le risque, l'entrepreneur doit éviter de surinvestir dès le départ, il doit tester une version allégée et préparer une perte acceptable pour ne pas compromettre sa situation financière globale.

Histoires inspirantes

Pensez à toujours illustrer ce que vous dites avec des exemples concrets. Parler de projets qui n'étaient pas un succès dès le départ, mais tenus par des entrepreneurs qui ont su rebondir vous permettra de rassurer l'entrepreneur en face de vous. Quelques exemples...

Clara a lancé sa boutique avec une gamme de vêtements fabriqués localement. Après six mois de ventes décevantes, elle a réalisé que ses produits étaient trop chers pour sa clientèle cible. Plutôt que d'abandonner, elle a adapté sa stratégie : elle a réduit sa gamme et mis l'accent sur des accessoires plus abordables. Aujourd'hui, sa boutique est florissante.

Les leçons à retenir pour l'entrepreneur ?

- Identifier ses erreurs rapidement.
- S'adapter en fonction des retours du marché.

Ahmed, de son côté, a passé un an à développer une application complexe qui n'a attiré que peu d'utilisateurs. Déçu, il a arrêté le projet. Cependant, en analysant ses retours utilisateurs, il a constaté que la simplicité était ce que les gens recherchaient. Avec une nouvelle version basée sur l'expérience utilisateur, il a atteint 10 000 téléchargements en trois mois.

Les leçons à retenir pour un entrepreneur ?

- Écouter les retours des utilisateurs.
- Repartir avec des objectifs clairs et une approche simplifiée.
- Ne pas passer un temps considérable à concevoir un produit et/ou service sans vraiment savoir ce que veut sa cible.

Conclusion : transformer la peur en action

La peur de l'échec est normale, mais elle ne doit pas devenir un frein insurmontable. En tant que conseiller, votre rôle est d'écouter, de comprendre les doutes des porteurs de projet et de leur montrer que des solutions existent pour chaque obstacle.

En encourageant l'expérimentation et en dédramatisant l'échec, vous aidez les futurs entrepreneurs à avancer sereinement. Grâce à des outils comme la matrice des risques ou des études de terrain, et en partageant des témoignages inspirants, vous leur donnez les moyens de surmonter leurs craintes et de construire leur projet avec confiance.

« Comment savoir si mon idée est viable ? »

Tester et valider l'idée

Transformer une idée en projet concret nécessite avant tout de valider la viabilité de cette idée avant de s'engager pleinement. En tant que conseiller, votre rôle est d'aider vos porteurs de projet à tester leur concept pour limiter les risques, recueillir des retours pertinents et optimiser leur approche avant d'investir temps et argent.

Pourquoi tester avant de s'engager pleinement ?

1. Pour limiter les risques financiers

Se lancer dans un projet sans validation préalable, c'est risquer des investissements inutiles. Trop d'entrepreneurs s'endettent pour un concept qu'ils n'ont jamais testé sur le terrain. Prototyper ou tester à petite échelle permet d'évaluer la demande réelle avant de mobiliser des ressources importantes. Prenons l'exemple d'un entrepreneur qui investit dans un stock important de produits sans avoir validé si sa cible est prête à les acheter : un test préalable, même basique, aurait pu lui éviter ce piège.

2. Pour obtenir des retours utilisateurs concrets

Les idées peuvent sembler brillantes sur le papier, mais seul le public cible peut en valider la pertinence. Tester son produit ou service permet de recueillir des retours précieux pour affiner l'offre. C'est également une excellente opportunité de détecter les éventuelles failles ou points d'amélioration.

3. Pour créer une base solide de futurs clients

Les tests préliminaires permettent aussi de créer une première communauté d'utilisateurs. Ils peuvent devenir des ambassadeurs pour l'entrepreneur, aider à propager l'idée et renforcer la crédibilité du projet.

Vérifier la viabilité de l'idée

Le Lean Startup

Pour aider les entrepreneurs à valider la viabilité de leur idée, proposez des méthodes structurées et pratiques. Parmi les approches les plus efficaces, on trouve le Lean Startup, une méthode offrant un cadre itératif et flexible pour tester des hypothèses, réduire les risques et ajuster le projet en fonction des retours concrets du marché.

Développé par Eric Ries, le Lean Startup repose sur une dynamique simple mais puissante : construire – mesurer – apprendre. Cette boucle itérative permet de tester rapidement des hypothèses en confrontant le projet à la réalité du marché, tout en restant adaptable et réactif.

Construire signifie créer une version simplifiée de l'idée (un MVP ou un prototype) pour tester une hypothèse principale. Une fois cette version mise à disposition du public cible, il est temps de mesurer les retours concrets : comment les utilisateurs interagissent-ils avec le produit ? Quels sont leurs commentaires et suggestions ? Enfin, en analysant ces retours, l'entrepreneur peut apprendre ce qui fonctionne et ce qui doit être ajusté. Cela peut conduire à poursuivre dans la même direction ou à opérer un pivot, c'est-à-dire un changement stratégique pour mieux répondre aux besoins du marché.

L'intérêt du Lean Startup réside ainsi dans sa capacité à minimiser les risques financiers en évitant de développer un produit complet avant de l'avoir validé. Il favorise une démarche expérimentale où chaque itération permet d'affiner le projet avec des données concrètes plutôt qu'avec des suppositions.

Cependant, cette méthode nécessite parfois un changement de mentalité : il s'agit d'accepter l'imperfection, de valoriser l'apprentissage et de voir l'échec non pas comme une finalité, mais comme une opportunité de s'améliorer. En proposant une démarche pragmatique et structurée, vous aidez vos porteurs de projet à avancer pas à pas, tout en réduisant les incertitudes et les risques financiers.

Le *Minimum Viable Product* (MVP)

Le *Minimum Viable Product* (MVP) est une méthode efficace pour tester rapidement une idée avec un investissement minimal. Il permet de valider un concept en se basant sur des retours utilisateurs concrets avant d'itérer et de lancer la version suivante du produit. En tant que conseiller, le MVP est un outil précieux à proposer à un entrepreneur pour réduire les risques.

Pour définir les termes, un MVP est une version simplifiée du produit ou service, incluant uniquement les fonctionnalités essentielles pour répondre au besoin principal des utilisateurs. Il vise à :

- réduire les coûts en évitant les développements inutiles ;
- tester l'intérêt du marché avant de gros investissements ;
- recueillir des retours rapides pour ajuster le produit.

Pour créer le MVP, voici les étapes concrètes à suivre.

1. Identifier le problème à résoudre : « À quel besoin principal votre produit répond-il ? »
2. Définir les fonctionnalités essentielles.
3. Développer une version simple et rapide.
4. Lancer le MVP auprès d'un petit groupe via les réseaux sociaux, des forums spécialisés ou des plateformes de test.
5. Recueillir et analyser les retours.
6. Ajuster le produit.

Pour vous donner des exemples de MVP, parlons de Airbnb, le site de location d'hébergements qu'on ne présente plus : les fondateurs ont d'abord loué leur propre appartement via un site basique pour valider l'intérêt. De même, les créateurs de Dropbox ont réalisé en amont une simple vidéo pour expliquer leur concept afin de valider l'intérêt avant le développement du produit.

Valider une idée

L'un des avantages du Lean Startup est que le porteur a alors réellement un produit ou un service (le fameux MVP), alors qu'avec une simple étude de marché, il est beaucoup plus compliqué pour le prospect de se projeter sur un produit encore non existant. Ford a dit un jour : « Si j'avais demandé à mes clients ce qu'ils voulaient, ils m'auraient répondu : un cheval plus rapide. » Pour obtenir de vrais avis, il faut une vraie proposition initiale ! Notons tout de même qu'il n'est pas toujours possible d'avoir un MVP physique (quelqu'un qui veut ouvrir un commerce, par exemple, ne pourra pas présenter un MVP très abouti).

Le questionnaire type pour recueillir des retours

Cela consiste à créer un questionnaire clair et concis pour les utilisateurs tests de votre porteur de projet. Voici quelques exemples de questions.

- « Qu'avez-vous aimé dans ce produit/service ? »
- « Quelles améliorations pourriez-vous suggérer ? »
- « Seriez-vous prêt à payer pour ce produit/service ? Si oui, combien ? »

La liste des premiers indicateurs de validation

Encouragez les entrepreneurs à surveiller quelques indicateurs clés :

- *engagement utilisateur :* combien de personnes utilisent ou interagissent avec le produit/service ?
- *taux de satisfaction* : quelle est la note moyenne donnée par les utilisateurs ?
- *retour sur investissement (ROI) initial* : les premiers tests permettent-ils de générer un revenu ?

CAS PRATIQUE

Lisa et sa box alimentaire

Lisa est une entrepreneure passionnée par la cuisine locale et durable. Elle a l'idée de lancer une box alimentaire mensuelle contenant des produits de saison fournis par des agriculteurs locaux. Enthousiasmée par son concept, elle hésite à investir immédiatement dans un stock important et une plateforme e-commerce.

Étape 1 : prototypage rapide

Lisa décide de créer une version simplifiée de son idée : elle assemble vingt boxes avec des produits locaux qu'elle propose à sa communauté locale via les réseaux sociaux. Le but ? Tester l'intérêt et recueillir des retours.

Étape 2 : recueil des impressions

Avec l'aide d'un questionnaire, elle demande à ses premiers clients les produits qu'ils ont préférés, le prix qu'ils seraient prêts à payer pour la box, s'ils achèteraient cette box régulièrement.

Étape 3 : ajustements

Grâce aux retours, Lisa découvre que certains produits ne plaisent pas autant qu'elle le pensait. Elle ajuste son offre en fonction des préférences majoritaires. Le résultat ? Non seulement Lisa a validé la demande pour sa box alimentaire, mais a aussi collecté des données concrètes pour préparer son lancement à plus grande échelle.

Les erreurs fréquentes à éviter

- *Le perfectionnisme :* beaucoup d'entrepreneurs veulent que leur produit soit parfait dès le départ. Encouragez vos porteurs de projet à accepter que le MVP ou prototype soit imparfait mais fonctionnel.
- *Négliger les retours* : les retours des utilisateurs doivent être intégrés pour améliorer le produit. Ignorer ces retours, c'est risquer de rester déconnecté des besoins du marché.
- *Sous-estimer les besoins en ressources* : tester une idée peut sembler simple, mais il est important d'anticiper les ressources nécessaires, qu'il s'agisse de temps, d'argent ou de compétences.

Conclusion : tester, valider, avancer

Tester une idée avant de s'engager pleinement est une étape incontournable pour limiter les risques et maximiser les chances de succès. En tant que conseiller, votre mission est de guider vos porteurs de projet vers des approches pragmatiques comme le MVP (pour rappel, toutefois, un MVP n'est ni nécessaire ni adapté à chaque projet) ou le prototypage, de leur fournir des outils adaptés et de les encourager à apprendre des retours utilisateurs. Grâce à des exercices structurés et des cas concrets comme celui de Lisa, vous pouvez leur offrir la confiance nécessaire pour transformer une idée en projet viable.

« Je ne sais pas comment m'organiser pour avancer »

Construire une première structure

L'une des principales frustrations exprimées par les entrepreneurs est l'impression de tourner en rond (faute d'une organisation claire). Quand les idées s'accumulent et que les priorités semblent floues, beaucoup se retrouvent paralysés par la peur de faire un faux pas ou de manquer une étape importante. En tant que conseiller, votre rôle est de leur fournir des méthodes et des outils leur permettant de bâtir une structure d'avancement de projet réaliste et motivante.

Poser les fondations : les bases de l'organisation

Une organisation efficace repose sur des principes simples. Il ne s'agit pas de construire un système complexe dès le départ, mais de définir des jalons clairs pour avancer étape par étape.

▬ Identifier les étapes clés

Chaque projet peut être découpé en grandes phases : conception, validation, préparation au lancement, mise en œuvre, suivi. Proposez à vos porteurs de projet de dresser une liste des étapes majeures de leur projet. Par exemple, pour un projet de commerce en ligne, les étapes pourraient inclure :

- sélectionner les produits à vendre ;
- trouver des fournisseurs ;

- créer un site e-commerce en utilisant un CMS (*Content Management System*) relativement basique et accessible ;
- lancer une campagne marketing.

Une fois ces étapes définies, il devient plus facile de répartir le travail et d'éviter de se disperser.

▬ Créer un calendrier des étapes

L'utilisation d'un calendrier aide vos entrepreneurs à visualiser leur progression et à fixer des échéances réalistes. Plutôt que de se concentrer uniquement sur le résultat final, encouragez-les à se concentrer sur les petites victoires intermédiaires. Demandez-leur de prévoir des marges de manœuvre pour gérer les imprévus. Un projet bien planifié n'est pas rigide, il doit être adaptable.

▬ Utiliser la matrice d'Eisenhower

La matrice d'Eisenhower est un outil pratique pour aider les porteurs de projet à prioriser leurs tâches en fonction de leur urgence et de leur importance. Ce quadrillage simple permet de classer les tâches en quatre catégories :

- *urgentes et importantes* : à traiter immédiatement ;
- *importantes mais non urgentes :* à planifier ;
- *urgentes mais non importantes* : à déléguer ou automatiser ;
- *ni urgentes ni importantes* : à éliminer.

Cet exercice pousse à se concentrer sur ce qui compte réellement et à éviter de perdre du temps sur des tâches secondaires.

▬ Établir périodiquement un état d'avancement des différentes tâches et de leur statut

Enfin, il est essentiel d'avoir une liste des tâches avec leurs échéances et leur statut afin de pouvoir s'assurer que l'on a réalisé ce qui était prévu. En effet, les priorités peuvent évoluer et certaines tâches peuvent changer de statut, passant de « importantes mais non urgentes » à « urgentes et importantes ». Par ailleurs, en avançant dans le projet, de nouvelles tâches peuvent apparaître et nécessiter de revoir le niveau de priorité de certaines autres.

Le rôle principal de l'entrepreneur est de décider. Il est donc indispensable de l'entraîner à prioriser des étapes et des tâches en suivant leur évolution.

Focus sur les outils numériques pour l'organisation

Une bonne organisation passe souvent par l'utilisation d'outils adaptés. Présentez à vos futurs entrepreneurs les solutions digitales qui peuvent les aider à structurer leur projet de manière simple et intuitive.

Un tableur (Excel, Libre Office, Numbers, Google Sheets...) : la simplicité et la polyvalence

Un tableur reste un outil incontournable pour planifier des projets de manière linéaire. Créez un modèle de tableau pour vos porteurs de projet, avec des colonnes dédiées aux tâches, aux échéances, aux ressources nécessaires et à l'état d'avancement.

Notion : un espace de travail tout-en-un

Notion est une application flexible qui permet de créer des bases de données, des calendriers et des tableaux Kanban, le tout dans une interface élégante. Vos porteurs de projet peuvent centraliser toutes les informations relatives à leur projet au même endroit.

Trello : gestion visuelle avec tableaux Kanban

Trello est une solution particulièrement utile pour les entrepreneurs qui préfèrent une approche visuelle. Chaque tableau représente une phase ou un projet, et chaque tâche peut être déplacée d'une colonne à l'autre (par exemple : « À faire », « En cours », « Terminé »).

Les erreurs fréquentes à éviter

- *Les listes de tâches interminables* : les listes sans priorisation peuvent être démotivantes. Encouragez vos porteurs de projet à se concentrer sur un maximum de trois tâches principales par jour.
- *Tout planifier en détail dès le départ* : une organisation trop rigide peut être contre-productive. Guidez vos entrepreneurs vers une approche flexible, où les plans peuvent être ajustés en fonction des imprévus.
- *Sous-estimer les ressources nécessaires* : beaucoup de porteurs de projet estiment mal le temps et l'énergie que certaines tâches demandent. Apprenez-leur à évaluer honnêtement leurs capacités à les réaliser et à intégrer des marges dans leur planning.

CAS PRATIQUE

Guillaume et les micro-tâches pour éviter la surcharge mentale

Guillaume est un jeune entrepreneur avec une idée prometteuse : lancer une marque de vêtements écoresponsable pour bébés. Enthousiaste au départ, il se retrouve rapidement dépassé par l'ampleur de la tâche. Entre la recherche de fournisseurs, la création de designs et la gestion de la communication, il ne sait plus par où commencer...

Étape 1 : découper le projet en phases principales

Lors de ses échanges avec son conseiller Guillaume identifie quatre grandes étapes : la recherche et la sélection de fournisseurs ; le développement des designs ; la mise en place de l'e-commerce ; le lancement et la promotion.

Étape 2 : prioriser et déléguer avec la matrice d'Eisenhower

Grâce à la matrice d'Eisenhower, Guillaume distingue une tâche prioritaire (rechercher des fournisseurs fiables) et une tâche secondaire (choisir un logo définitif). Il décide de déléguer la création du logo à un graphiste freelance.

Étape 3 : structurer avec un outil numérique

Guillaume adopte alors Trello pour organiser ses tâches. Chaque colonne représente une phase et chaque carte est une tâche spécifique, par exemple : « Contacter cinq fournisseurs locaux » ou « Créer un prototype de t-shirt ». Le fait de visualiser les tâches à accomplir lui permet de réduire son stress.
En structurant son projet de cette manière, Guillaume reprend le contrôle et se concentre sur des actions concrètes. Il réalise que même les projets les plus complexes peuvent être abordés étape par étape.

Conclusion : construire pour avancer

Organiser et suivre un projet entrepreneurial n'est pas une tâche facile, mais avec des bases solides, des outils adaptés et une bonne capacité de décision et priorisation, vos porteurs de projet peuvent surmonter leurs blocages. Qu'il s'agisse de Guillaume structurant ses micro-tâches ou d'autres porteurs cherchant à se repérer dans un labyrinthe d'idées, votre accompagnement leur permettra de transformer le chaos en un plan d'action clair et motivant. En leur fournissant des outils pratiques et des méthodes adaptées à leur style de travail, vous les aidez à avancer avec confiance, un pas à la fois.

« Je ne sais pas à qui m'adresser ni comment me différencier »

Travailler sur le positionnement

Je l'ai toujours dit aux porteurs de projet que j'accompagne : le positionnement doit être pris en compte dès la phase de démarrage et ce, quel que soit le projet entrepreneurial. C'est sur celui-ci qu'une entreprise va se connecter à son public cible, se démarquer de ses concurrents et articuler une proposition de valeur unique. Pourtant, pour de nombreux porteurs de projet, définir leur positionnement peut être une tâche intimidante. Entre le choix du public cible, l'analyse de la concurrence et la définition d'une valeur ajoutée, les entrepreneurs peuvent se sentir perdus. En tant que conseiller, votre mission est de les aider à naviguer dans ces eaux complexes avec clarté et méthode.

Définir un positionnement en adéquation avec le projet

Identifier les axes stratégiques

Pour guider un entrepreneur dans son positionnement, trois axes principaux doivent être explorés lors de son étude de marché.

▬ Identifier le public cible

La première étape pour définir un positionnement solide est de comprendre à qui le produit ou le service s'adresse. Un public cible bien défini permet de concentrer les efforts marketing et de maximiser leur impact. Les questions clés à poser sont alors les suivantes.

- À quels besoins ou problèmes votre produit/service répond-il ?
- Qui est le client idéal pour ce produit/service ?
- Quelles sont les caractéristiques démographiques (âge, sexe, localisation, niveau de revenu) et psychographiques (valeurs, comportements, intérêts) de ce client idéal ?

Introduisez l'idée de créer des personas pour représenter le public cible de manière concrète et détaillée.

▬ Analyser la concurrence

Une bonne compréhension de la concurrence aide à repérer les opportunités et à éviter de reproduire des erreurs existantes. Pour aider l'entrepreneur dans cette tâche, voici deux conseils utiles :

- *cartographier les concurrents directs et indirects* : quels sont les acteurs majeurs dans le secteur ? Quels segments du marché dominent-ils ?
- *évaluer leurs points forts et faibles* : quels avantages mettent-ils en avant ? Quels sont leurs points de différenciation ou leurs lacunes ?

En encourageant les porteurs de projet à observer leurs concurrents, vous les aidez à identifier des angles stratégiques pour se différencier.

▬ Définir une proposition de valeur unique

La proposition de valeur est la promesse principale faite aux clients, résumant pourquoi ils devraient choisir ce produit ou service plutôt qu'un autre. Elle doit être claire, mémorable et axée sur un bénéfice concret pour le client. Un service de livraison de repas peut, par exemple, se différencier en promettant des plats 100 % locaux et bios, livrés en moins de trente minutes.

Les outils et méthodes pour travailler un bon positionnement

Le benchmark

Le benchmark est un outil puissant pour explorer le positionnement d'une entreprise par rapport à ses concurrents. En comparant les pratiques, les stratégies et les résultats des autres acteurs du marché, vos porteurs de projet peuvent mieux comprendre ce qui fonctionne et comment ils peuvent proposer quelque chose de différenciant. Pour réaliser un benchmark, les étapes à suivre sont alors les suivantes.

1. Identifier trois à cinq concurrents directs.
2. Analyser leurs messages marketing, leurs offres et leurs stratégies de communication.
3. Noter ce qui les rend attractifs ou, au contraire, ce qui pourrait rebuter certains clients.

Aidez vos porteurs de projet à interpréter les résultats du benchmark en les encourageant à poser des questions critiques : « Quelle valeur ajoutée apportez-vous que les autres ne peuvent pas offrir ? Quels besoins non satisfaits restent à explorer ? »

La grille de différenciation

Cet outil aide les entrepreneurs à identifier ce qui rend leur offre unique par rapport à la concurrence. En voici un exemple.

CRITÈRES	CONCURRENCE A	CONCURRENCE B	MON PROJET
Prix	Élevé	Moyen	Moyen
Qualité	Haute	Moyenne	Haute
Rapidité de service	Moyenne	Rapide	Rapide
Valeurs éthiques	Faibles	Moyennes	Fortes

Les personas

Créer un persona, ou un profil fictif de client type, permet enfin de rendre le public cible tangible et d'orienter les décisions stratégiques.

De l'utilité d'avoir plusieurs personas et de les mettre à jour

Les projets évoluent et les profils des clients peuvent également changer. Encouragez ainsi vos entrepreneurs à créer plusieurs personas reflétant différents segments de leur audience et à mettre ces profils à jour régulièrement en fonction des retours et des nouvelles tendances. Veillez toutefois à ce que votre entrepreneur n'en réalise pas trop : s'adresser à tout le monde, c'est s'adresser à personne.

Voici deux exemples de personas pour une marque de technologie grand public (par exemple, des gadgets intelligents ou des accessoires connectés).

Persona 1 : Clara

- **Âge** : 23 ans.
- **Situation** : étudiante en design graphique.
- **Habitudes** : passe beaucoup de temps sur les réseaux sociaux (TikTok, Instagram), adore tester de nouveaux gadgets.
- **Besoins** : recherche des produits technologiques abordables, esthétiques et intuitifs. Aime se différencier avec des accessoires uniques et personnalisables.
- **Objectifs** : simplifier sa vie quotidienne avec des gadgets connectés, tout en cultivant une image de *trendsetter* auprès de ses amis.

Persona 2 : David

- **Âge** : 52 ans.
- **Situation** : manager d'une équipe en entreprise.
- **Habitudes** : souvent en déplacement pour le travail, utilise des outils numériques pour organiser son emploi du temps. Prend des décisions d'achat réfléchies.
- **Besoins** : recherche des gadgets fiables et performants qui optimisent sa productivité. Apprécie les fonctionnalités avancées comme la compatibilité avec plusieurs appareils et la sécurité des données.
- **Objectifs** : gagner du temps, rester organisé et maintenir une vie professionnelle fluide tout en intégrant les dernières innovations sans complications.

CAS PRATIQUE

Gabriel et le défi du positionnement

Gabriel a une idée : il souhaite lancer une application de fitness adaptée aux personnes ayant des emplois du temps chargés. Cependant, il ne sait pas comment s'adresser à son audience ou se différencier des nombreuses applications similaires.

Étape 1 : identifier le public cible

Avec l'aide de son conseiller, Gabriel crée deux personas :

- Emma, 29 ans, consultante. Elle travaille dix heures par jour, fait attention à sa forme physique et cherche des solutions rapides ;
- Jean, 50 ans, commercial. Il passe beaucoup de temps en déplacement et a besoin d'exercices simples qu'il peut faire à l'hôtel.

Étape 2 : benchmark des concurrents

Gabriel analyse trois applications populaires. Il découvre que beaucoup proposent des entraînements génériques mais peu de personnalisations. Il décide de se différencier en intégrant un module de coaching individuel en ligne.

Étape 3 : proposition de valeur unique

Gabriel formule sa proposition de valeur : « L'application de fitness sur-mesure pour professionnels débordés, avec un coaching adapté à votre emploi du temps. » Grâce à un positionnement clair, Gabriel se sent confiant pour commencer le développement de son application.

Conclusion : bâtir un positionnement fort pour se démarquer

Aider vos porteurs de projet à définir leur positionnement est un processus stratégique qui exige une réflexion approfondie sur leur public cible, leurs concurrents et leur valeur ajoutée. En utilisant des outils comme le benchmark, la grille de différenciation et les personas, vous pouvez leur donner les moyens de clarifier leur vision et d'agir avec confiance. Plus leur positionnement sera précis et différencié, plus ils auront de chances de trouver leur place sur le marché, de séduire leur audience et de concrétiser leur projet avec succès.

« Quel statut juridique choisir ? »

Accompagner sur les premiers aspects pratiques

Lorsqu'un porteur de projet aborde la question du statut juridique, il n'est pas rare de percevoir une certaine appréhension. Cette étape, souvent perçue comme décisive, peut rapidement devenir un frein psychologique pour un entrepreneur. En tant que conseiller, votre rôle est de démythifier cette question et d'aider votre porteur de projet à choisir une solution adaptée à ses besoins actuels, tout en restant flexible pour le futur.

Désacraliser le choix du statut

Je tiens à vous le rappeler : le choix du statut juridique est, la plupart du temps, l'un des premiers obstacles concrets auxquels les porteurs se heurtent. Les raisons sont multiples :

- *un langage complexe et opaque* : entre micro-entreprise, entreprise individuelle, EURL, SARL, SAS, SASU, etc., les termes juridiques peuvent vite sembler intimidants ;
- *les impacts sociaux sur le dirigeant* : le régime de Sécurité sociale auquel il sera affilié, les cotisations retraite, les couvertures complémentaires (mutuelle, prévoyance…) ;
- *la peur de faire le mauvais choix* : beaucoup craignent de s'engager dans une structure qui ne correspondra pas à leurs besoins futurs ;
- *l'appréhension des obligations administratives* : déclarations fiscales, cotisations sociales ou encore responsabilité personnelle, sont autant de sujets qui suscitent des inquiétudes.

Replacer le choix du statut dans une perspective évolutive

L'une des premières étapes pour apaiser cette anxiété est de rappeler que le choix du statut juridique n'est pas immuable. Les structures juridiques peuvent évoluer au fil du temps en fonction des besoins du projet. Voici le message clé à transmettre : « Choisissez ce qui répond le mieux à vos besoins aujourd'hui. Vous pourrez ajuster votre statut lorsque votre activité se développera. »

Les critères à considérer pour choisir un statut

Pour simplifier la réflexion, orientez vos entrepreneurs vers cinq critères.

- *Le chiffre d'affaires prévisionnel* : une micro-entreprise est idéale pour un démarrage léger, mais une SARL ou SAS peut s'imposer si les prévisions dépassent certains plafonds.
- *Les investissements nécessaires au démarrage* : formalités de création (rédaction des statuts, annonce légale, dépôt au greffe du Tribunal de Commerce...), nécessité d'un expert-comptable...
- *Les besoins en protection juridique* : si l'entrepreneur souhaite limiter sa responsabilité personnelle, une société (SARL, SAS) peut être préférable.
- *Le régime social et fiscal, les impacts sur la rémunération* : certains porteurs envisagent leur rémunération selon les impacts fiscaux.
- *Les perspectives d'évolution* : encouragez vos porteurs de projet à réfléchir à leurs ambitions à moyen et long termes. Une structure flexible comme la SAS peut être avantageuse si l'objectif est d'accueillir des investisseurs.

Les approches pour guider le choix

Poser des questions simples et concrètes

Généralement, ce n'est pas le statut en lui-même qui bloque, mais la complexité apparente des informations juridiques. En posant des questions simples, vous aidez votre porteur de projet à clarifier ses priorités.

- Quel est votre objectif à court terme ? Tester votre idée ou développer rapidement votre activité ?
- Prévoyez-vous d'embaucher ou de travailler seul ?
- À quel régime social avez-vous été affilié jusqu'à présent ?
- Quel niveau de risque financier êtes-vous prêt à assumer ?

Ces échanges permettent de transformer une décision abstraite en choix pragmatique.

Offrir une explication concise des options principales

Au lieu de noyer votre futur entrepreneur sous un jargon complexe, simplifiez chaque statut.

- Micro-entreprise : idéal pour tester une idée, les démarches sont simplifiées, mais les plafonds de chiffre d'affaires sont limités.
- Entreprise individuelle : maintenant très proche de celui de l'EURL.
- EURL/SARL : idéal pour des activités plus établies ou nécessitant des investissements, il permet aux associés de ne supporter les pertes qu'à concurrence de leurs apports.
- SAS/SASU : propose une grande flexibilité, est adapté à des projets ambitieux ou des entreprises avec plusieurs associés.

Mettre en lumière les avantages pratiques de chaque option

Une fois que votre porteur de projet comprend les bases, mettez l'accent sur les aspects pratiques.

- Quels sont les coûts de création et de gestion ?
- Quelles sont les obligations fiscales et sociales associées ?
- Comment le statut peut-il protéger le patrimoine personnel de l'entrepreneur ?

Faire face à la phobie administrative

Comprendre la phobie administrative

La peur des démarches administratives est une réalité pour de nombreux entrepreneurs. Elle peut se traduire par une procrastination face aux formalités (déclarations fiscales, inscriptions légales), une anxiété liée à l'idée de commettre des erreurs ou d'être sanctionné, ou encore une perte de motivation ou un blocage psychologique, freinant l'avancement du projet. Voici comment la dépasser.

- **Simplifiez les démarches**

Rappelez à vos entrepreneurs que toutes les formalités n'ont pas à être maîtrisées en une fois. Introduisez des outils comme les simulateurs en ligne[7] pour estimer leurs cotisations ou choisir un statut.

- **Encouragez l'externalisation**

Démythifier l'idée de faire appel à un expert-comptable ou à un service juridique (cabinet ou en ligne). Ces services peuvent décharger l'entrepreneur des démarches les plus complexes, mais ont un certain coût.

- **Rendez la gestion accessible**

Proposez des outils numériques simples pour satisfaire les obligations administratives, comme des applications de facturation (PropulsebyCA, Qonto, Henrri, Sellsy…).

7. Par exemple, celui de l'Urssaf : *https://mon-entreprise.urssaf.fr/assistants/choix-du-statut* ou encore celui de Bpifrance : *https://bpifrance-creation.fr/aideauchoixdustatut*

CAS PRATIQUE

Sarah et le choix entre micro-entreprise et société

Sarah souhaite lancer une activité de création et de vente de bijoux artisanaux. Elle prévoit de tester son projet en ligne, avec des objectifs modestes pour la première année. Cependant, elle s'inquiète de dépasser rapidement les plafonds de chiffre d'affaires de la micro-entreprise et se demande si elle ne devrait pas directement opter pour une SARL.

En tant que conseiller, vous commencez par clarifier ses priorités et comprenez que Sarah souhaite un démarrage simple, avec un budget limité, sans investissement de départ et qu'elle n'envisage pas d'embaucher dans l'immédiat, mais espère développer son activité en cas de succès.

Il vous faut donc conseiller à Sarah de débuter en micro-entreprise pour tester son marché et limiter les démarches administratives. Rassurez-la en lui expliquant qu'elle pourra migrer vers une SARL si son activité dépasse les plafonds ou nécessite un statut plus structurant.

Conclusion : accompagner avec clarté et pragmatisme

Le choix du statut juridique est une étape importante, mais ne doit pas devenir un obstacle insurmontable. En aidant vos porteurs de projet à clarifier leurs besoins et priorités, à comprendre les options de manière concrète et à rendre accessibles les démarches administratives, vous leur donnez les clés pour avancer avec sérénité. N'oubliez pas que votre rôle est autant de simplifier les aspects pratiques que de rassurer sur les aspects psychologiques.

Les erreurs fréquentes dans la phase de démarrage

La phase de démarrage d'un projet entrepreneurial est une étape que je trouve exaltante, mais qui reste délicate. Elle permet de poser les fondations de l'aventure à venir et souvent de déterminer les chances de réussite. Toutefois, c'est aussi une période où les erreurs peuvent s'accumuler, compromettant le développement du projet avant même son lancement. En tant que conseiller, identifier et anticiper ces erreurs courantes vous aidera à guider vos porteurs de projet dans une démarche plus structurée et sereine. Même si nous en avons déjà évoqué certaines dans cette partie, voici, de mon expérience, les erreurs les plus fréquentes et comment les éviter.

Erreur 1 : vouloir tout faire à la fois

- **Pourquoi cela pose problème ?**

Cette dispersion mène souvent à une perte d'efficacité et de clarté. Les ressources – en temps, en énergie et en argent – s'épuisent rapidement sans qu'un réel progrès ne soit réalisé.

- **Comment aider vos porteurs de projet ?**
  - Enseignez à vos entrepreneurs l'importance de structurer leur projet en étapes clés. Par exemple, commencer par valider l'idée avant de s'occuper des aspects esthétiques. Idéalement, il faudrait valider une hypothèse à la fois.
  - Introduisez des outils comme la matrice d'Eisenhower pour distinguer l'urgent de l'important. Cela permet de hiérarchiser les tâches en fonction de leur impact.

- Rappelez que la clé d'un bon démarrage est de définir et d'affiner l'offre principale avant d'investir dans des éléments secondaires.

Erreur 2 : ne pas tester l'idée suffisamment tôt

▬ Pourquoi cela pose problème ?

Le fait de ne pas tester l'idée expose l'entrepreneur au risque d'investir dans un projet qui ne trouve pas son public (notamment car il ne connaît pas les attentes ou les objections clés des utilisateurs potentiels). Cela fait perdre un temps précieux.

▬ Comment aider vos porteurs de projet ?

- Expliquez-leur l'importance de créer un produit minimal viable (MVP). Cela peut être un prototype simple ou une version testable du produit ou service, permettant d'obtenir des retours concrets.
- Proposez des outils pour recueillir des avis, comme des questionnaires ou des sondages en ligne. Par exemple, évoquez le cas de Lisa, une entrepreneure qui a testé son concept de box alimentaire auprès de cinquante familles locales avant d'élargir son marché. Les retours ont permis d'ajuster son offre et d'assurer un lancement réussi.

Erreur 3 : sous-estimer les besoins financiers

▬ Pourquoi cela pose problème ?

Sans une vision claire des besoins financiers, les entrepreneurs risquent de manquer de fonds pour atteindre leurs objectifs, de perdre la confiance d'investisseurs potentiels et de compromettre la viabilité de leur projet dès le départ.

▬ Comment aider vos porteurs de projet ?

- Introduisez des outils simples comme un prévisionnel financier ou un tableau de trésorerie.

- Faites-les réfléchir sur les volumes de vente de leur produit ou prestation pour qu'ils se rendent compte du nombre de ventes nécessaires pour atteindre le CA envisagé.
- Aidez vos porteurs de projet à identifier tous les coûts possibles, y compris les imprévus. Insistez sur l'importance de prévoir une marge de sécurité.
- Faites connaître les subventions, les aides publiques ou les plateformes de financement participatif adaptées à leur projet.

Erreur 4 : s'isoler dans son projet

▬ Pourquoi cela pose problème ?

L'isolement peut mener à une perte de motivation et d'énergie, à des décisions prises sans recul ou feedback extérieur et à une difficulté à identifier des partenaires, mentors ou clients potentiels.

▬ Comment aider vos porteurs de projet ?

- Rappelez à vos porteurs de projet que discuter de leur projet peut enrichir leur réflexion et leur apporter des perspectives nouvelles, que garder un projet pour soi de façon confidentielle ne permet pas d'en valider la pertinence.
- Orientez-les vers des espaces de coworking, des groupes d'entrepreneurs locaux ou même des incubateurs. Ces environnements favorisent les échanges et la collaboration.
- Proposez-leur de chercher un mentor ou de rejoindre un programme de coaching pour bénéficier de conseils et de soutien.

Partie 4

LA PHASE INTERMÉDIAIRE

Comprendre la phase intermédiaire

Bienvenue dans la phase où l'idée entrepreneuriale a pris forme, mais où le projet manque encore d'éléments fondamentaux pour être réellement prêt au lancement. C'est une étape à la fois stimulante et délicate : le porteur de projet est souvent plein d'enthousiasme ou un peu déprimé, convaincu de la solidité de son concept ou submergé par la tâche. Ces manquements ou inquiétudes peuvent toucher des aspects financiers, organisationnels, stratégiques ou commerciaux.

Un « projet a minima structuré » est donc une idée avancée, une vision claire du produit ou du service, mais avec des bases fragiles qui nécessitent d'être consolidées. À ce stade, le futur entrepreneur peut croire qu'il est prêt ou que rien ne va, alors qu'il s'appuie sur des hypothèses non vérifiées, des intuitions ou une analyse incomplète. Parfois, il a déjà développé son produit sans réfléchir aux coûts réels de production, à la stratégie de vente ou aux besoins organisationnels. D'autres fois, il surestime la simplicité de la commercialisation, pensant que les clients viendront naturellement sans plan d'action structuré ou se sent incapable de les séduire avec son offre.

La principale difficulté réside dans le fait que ces lacunes ne sont pas toujours visibles à première vue. Le projet semble solide, mais dès que l'on creuse un peu, des zones d'ombre peuvent apparaître : modèle économique incomplet, stratégie commerciale floue ou plan de financement approximatif. Ce sont ces éléments invisibles qui, s'ils ne sont pas traités, peuvent compromettre la réussite du projet.

Quels sont les enjeux pour le conseiller ?

Lors de la phase intermédiaire, votre rôle est à la fois stratégique et pédagogique. Plusieurs enjeux clés se présentent notamment à vous :

- déceler les lacunes du projet qui ne sont pas immédiatement visibles. Cela inclut des aspects comme le modèle économique, les canaux de distribution ou encore la faisabilité financière ;
- revaloriser la pertinence de l'offre et le travail déjà accompli ;
- adopter une posture d'écoute active et de questionnement constructif face à des porteurs de projet confiants ou perfectionnistes. Votre objectif est de les amener à voir les failles de leur projet sans les démotiver ;
- aider l'entrepreneur à examiner chaque composante du projet – modèle économique, stratégie commerciale, plan financier, organisation et communication – pour s'assurer qu'aucune dimension n'est négligée.

Comment structurer les aspects fondamentaux du projet ?

Vous devez donc passer en revue les principales dimensions du projet selon les étapes clés de la méthode Spirale (voir partie 2). Ces étapes permettent de s'assurer que le projet est bien structuré et avancé de manière cohérente. Cela inclut :

- *l'étude de marché* : existe-t-il une demande pour l'offre proposée ? Quels sont les concurrents et les opportunités à exploiter ? Où en est la confrontation avec les futurs clients ?
- *l'offre et l'adéquation porteur/projet* : le projet correspond-il aux compétences, aspirations et contraintes du porteur ?
- *la commercialisation, la communication et le marketing* : quelle est la stratégie pour atteindre et convaincre les clients ? Quels canaux utiliser pour toucher la cible ?
- *la modélisation économique et la validation financière* : quels sont les investissements initiaux et les modalités de financement retenues ?

Comment le projet va-t-il générer des revenus ? Quels sont les coûts associés et les marges envisagées ? Les modalités de financement sont-elles réalistes ?

- *l'analyse juridique, fiscale, sociale et réglementaire* : quelles sont les obligations légales et administratives liées à l'activité ?
- *les prochaines étapes* : le plan des actions concrètes à mettre en œuvre immédiatement pour avancer efficacement est-il élaboré ?

Ces dimensions sont interdépendantes et une faiblesse dans l'une d'elles peut compromettre l'ensemble du projet. Votre rôle est d'aider le porteur de projet à aborder chaque étape de manière itérative et réfléchie en s'assurant que l'étape atteinte ne l'est pas sans avoir révisé les hypothèses des autres étapes remises en cause, et en lui faisant prendre du recul pour évaluer l'ensemble du tableau et décider s'il avance vers un « go » ou un « no go ».

Une méthode itérative pour consolider le projet

Pour relever ces défis, une approche itérative et flexible est la plus efficace (encore la méthode Spirale, oui !). Plutôt que de chercher à tout résoudre en une fois, il s'agit de progresser par étapes, de revenir régulièrement sur chaque dimension du projet pour l'affiner progressivement. Chaque cycle permet d'approfondir un peu plus la réflexion, de valider les hypothèses, de valider la cohérence d'ensemble et de renforcer la structure du projet.

En appliquant une démarche par itérations, vous permettez au porteur de projet d'identifier les lacunes sans se sentir submergé, de tester des solutions et d'ajuster ses actions en fonction des retours et des résultats obtenus, de renforcer progressivement son projet jusqu'à ce qu'il se sente prêt pour le lancement.

Chaque itération est l'occasion d'apprendre, d'affiner et de solidifier le projet, en avançant avec agilité et en en validant le réalisme.

Votre mantra ? Une progression étape par étape

La phase intermédiaire est un moment clé où l'accompagnement doit être stratégique, bienveillant et méthodique pour aider le porteur de projet à approfondir les différentes dimensions de son projet. En aidant le porteur de projet à consolider chaque dimension, vous l'aidez à transformer une idée prometteuse en une réalité solide et viable.

« Mon projet est déjà prêt ! »

Accompagner l'entrepreneur qui n'a pas conscience de toutes les dimensions

Lorsqu'un porteur de projet est convaincu d'avoir une idée solide et d'avoir analysé toutes les dimensions de façon pertinente, il est parfois difficile pour lui de prendre du recul. Cette confiance, bien que précieuse, peut masquer des lacunes dans la stratégie financière, organisationnelle ou commerciale. Dans certains cas, une partie importante a été sous-traitée et le porteur maîtrise mal les sujets. En tant que conseiller, votre rôle est de l'aider à structurer sa réflexion sans éteindre son enthousiasme et à s'approprier toutes les dimensions de son projet. L'objectif est de révéler les zones d'ombre du projet de manière constructive et de poser des bases solides et maîtrisées pour un lancement réussi.

Pourquoi certains entrepreneurs ne voient pas toutes les dimensions du business ?

Il est fréquent que le porteur de projet soit focalisé sur son produit ou service au détriment des autres aspects essentiels du business. Cela peut être parce que l'enthousiasme pour son idée le pousse à négliger les aspects techniques comme la rentabilité ou l'organisation, parce qu'il n'a pas conscience de l'importance d'un modèle économique structuré, ou encore parce qu'il pense que la qualité de son produit/service suffira à assurer le succès. Je tiens à rappeler que, très souvent, l'expérience du porteur de projet peut expliquer cela. Dans beaucoup de cas (et prenons des exemples), les personnes en charge de la production pensent que c'est uniquement grâce à elles qu'une entreprise fonctionne… De même pour le département communication, vente, administratif, etc. Une personne qui n'a pas encore eu d'expérience entrepreneuriale dans sa carrière n'a que très rarement une vision complète de tout ce qui fait qu'une entreprise fonctionne.

Face à ce type de profil, vos objectifs sont multiples :

- identifier les faiblesses cachées pour éviter les mauvaises surprises après le lancement ;
- adapter votre posture pour aider le porteur à voir les angles morts sans le décourager ;
- rappeler le stéréotype de l'entreprise, si la vente est prioritaire, la production et la gestion n'en sont pas moins indispensables ;
- structurer les différentes dimensions du projet (financières, organisationnelles, stratégiques) afin de le rendre viable.

Guider avec des outils simples

Le Business Model Canvas (BMC) pour visualiser les aspects clés

Le Business Model Canvas est un outil visuel et créatif efficace pour aider le porteur de projet à identifier les aspects clés de son activité. Cet exercice permet de structurer le projet autour de neuf dimensions essentielles :

- *segments de clients* : à qui s'adresse le porteur de projet ?
- *proposition de valeur :* quel problème résout le produit ou service ?
- *canaux de distribution* : comment le produit sera-t-il livré aux clients ?
- *relations clients* : quel type de relation établir avec eux ?
- *flux de revenus :* comment le projet générera-t-il de l'argent ?
- *activités clés :* quelles actions sont nécessaires pour créer de la valeur ?
- *ressources clés :* de quoi a-t-il besoin pour produire et livrer l'offre ?
- *partenaires clés* : qui sont les partenaires essentiels pour le projet ?
- *structure des coûts :* quels seront les coûts fixes et variables ?

Bien entendu, le BMC est synthétique et ces différentes dimensions devront être développées.

La matrice SWOT pour approfondir l'analyse

La matrice SWOT (Forces, Faiblesses, Opportunités, Menaces en français) permet de pousser l'analyse en examinant les aspects internes et externes du projet. Cet outil révèle les atouts à exploiter et les risques à anticiper. Il faut ainsi ne pas hésiter à confronter les forces aux menaces et les faiblesses aux opportunités car souvent le marché peut contrebalancer la situation interne de l'entreprise. Cela peut également permettre de définir des stratégies à la croisée de l'interne et du marché, par exemple si les forces sont conjuguées avec les opportunités, une stratégie offensive peut être envisagée...

Encadrer les tests avant immatriculation

Il est fréquent que les porteurs de projet souhaitent se lancer rapidement et demandent à immatriculer officiellement leur entreprise dès qu'ils commencent à explorer leurs idées. Cependant, cette précipitation n'est pas toujours la meilleure approche. Il est essentiel de les accompagner dans une phase de tests et de validations avant de choisir la forme juridique de leur activité. Cela permet de s'assurer que leurs hypothèses sont solides et que leur offre est alignée avec les attentes du marché.
Attention également : la loi ne permet pas de mener une activité commerciale sans statut, mais il est possible de réaliser des tests à très petite échelle auprès de proches (amis, famille), en gardant à l'esprit que ces tests doivent rester limités et non générateurs de chiffre d'affaires. L'objectif ici n'est pas de vendre, mais de valider les hypothèses fondamentales du projet.
Pour ceux qui souhaitent aller plus loin sans s'immatriculer immédiatement, la précommande est une alternative intéressante. Elle permet de simuler un lancement tout en récoltant des informations essentielles sur l'intérêt des clients et d'identifier des prospects. Cette méthode apporte les bénéfices d'un test grandeur nature sans enfreindre les règles juridiques et aide à bâtir la confiance du porteur de projet en son idée avant d'officialiser son activité.

Comment accompagner sans décourager ?

Accompagner un porteur de projet enthousiaste, mais aveuglé par des angles morts, exige par ailleurs une posture délicate. Votre mission est de lui faire prendre conscience des dimensions manquantes sans briser sa confiance ni éteindre son énergie créative. Cet équilibre subtil repose sur une combinaison de bienveillance, de questionnements stratégiques et de valorisation des points forts.

1. Établir une relation de confiance dès le départ

Avant de pointer les failles, créez un climat de sécurité psychologique. Montrez que vous êtes un allié, pas un juge. Par exemple, commencez par valoriser les aspects positifs du projet : « Votre idée répond à un besoin intéressant et votre motivation est claire. » Ce type d'introduction permet au porteur de se sentir reconnu et respecté.

2. Utiliser des questions constructives

Plutôt que de relever directement les manquements, posez des questions ouvertes qui invitent à la réflexion : « Comment voyez-vous cette étape se concrétiser ? » ou encore « Quels seraient les risques si cette partie du projet n'était pas prise en compte ? » Ces questions permettent au porteur de prendre du recul et d'identifier lui-même les faiblesses sans que vous ayez à les énoncer.

3. Adopter la méthode du « feedback sandwich »

Pour aborder une faiblesse, encadrez-la de retours positifs. Par exemple : « Vous avez une idée originale et une passion évidente pour ce projet. Cependant, le modèle économique manque encore de clarté. Avec un peu de travail sur cette partie, vous pourriez vraiment renforcer la viabilité du projet. » Cette approche minimise le sentiment d'échec et montre que les lacunes sont des opportunités d'amélioration.

4. Proposer des axes d'amélioration concrets

Ne vous contentez pas de souligner les faiblesses : proposez des solutions réalisables. Par exemple : « Pour clarifier votre modèle économique, pourquoi ne pas commencer par remplir un Business Model Canvas ? Cela pourrait vous donner une vue d'ensemble. » En fournissant des outils pratiques, vous transformez le problème en une action concrète.

5. Valoriser les progrès et les petits succès

Chaque avancée, même minime, mérite d'être reconnue. Célébrez les étapes franchies pour maintenir la motivation : « Le travail que vous avez fait sur vos canaux de distribution est solide. Continuons sur cette lancée pour affiner le reste. » Cette reconnaissance renforce l'engagement et montre que le progrès est un processus continu.

En adoptant ces stratégies, vous guidez le porteur de projet vers une vision plus complète et réaliste, tout en maintenant sa confiance et sa motivation intactes.

CAS PRATIQUE

Julie, la créatrice de bijoux

Julie souhaite lancer une marque de bijoux artisanaux. Elle a une idée précise de ses créations, mais n'a pas réfléchi aux canaux de distribution ni aux coûts des matières premières.

Première étape : audit avec le BMC

Vous guidez Julie à travers le Business Model Canvas :

- *proposition de valeur* : bijoux artisanaux minimalistes et écoresponsables, personnalisables et faits main avec des matériaux recyclés ;
- *segments de clients* : consommateurs écoresponsables, jeunes adultes (25-45 ans), boutiques spécialisées et concept stores ;
- *canaux de distribution* : site web, réseaux sociaux (Instagram, Facebook), marchés artisanaux, boutiques partenaires ;
- *relations clients* : échanges personnalisés via les réseaux sociaux, service après-vente réactif, création d'une communauté engagée ;
- *flux de revenus* : ventes en ligne, ventes en boutique, commandes sur-mesure, ventes lors d'événements artisanaux ;
- *ressources clés* : savoir-faire artisanal, matériaux écoresponsables, outils de fabrication, site web et réseaux sociaux ;

↓

- *activités clés :* création et production de bijoux, promotion en ligne, gestion des commandes, participation à des événements ;
- *partenaires clés* : fournisseurs de matériaux recyclés, boutiques partenaires, plateformes e-commerce, artisans locaux ;
- *structure des coûts* : achat de matériaux, frais de production, packaging, promotion en ligne, frais de participation à des événements.

L'audit révèle rapidement que Julie n'a pas pris en compte les coûts de production ni les marges nécessaires pour assurer sa rentabilité. Dans la mesure où elle n'a pas encore réalisé ses tests, vous lui recommandez de créer quelques pièces pour les vendre à ses proches. Elle pourra ainsi analyser le temps passé à produire ses pièces, le chiffre d'affaires généré et les coûts des matières premières. Attention également : le prix de vente ne peut être validé que de manière concrète, soit via des précommandes fermes (et non des « oui » de complaisance), soit en réalisant des ventes au prix auquel elle souhaite vendre ses produits. Sur ce type de projet, l'erreur classique réside souvent dans la capacité de production et le seuil de rentabilité. Vous engagez alors Julie à se poser les bonnes questions.

- Combien souhaitez-vous gagner grâce à cette activité ?
- Combien de temps prend la création de chaque pièce ?
- Combien allez-vous vendre chaque pièce ?
- Quels sont les coûts hors temps de production nécessaires à la création d'une pièce ?

Ensemble, vous évaluez : Julie souhaite gagner 1 500 € par mois. En ajoutant environ 50 % pour les charges sociales, elle doit générer un revenu net de 2 250 € par mois. Elle passe deux heures sur chaque pièce et souhaite appliquer une marge de 70 %. Ainsi, pour couvrir ses charges sociales et atteindre son objectif, Julie doit générer un chiffre d'affaires mensuel de :
2 250 €/70 % = 3 214 € par mois. Ce montant, divisé par le prix de vente de chaque pièce (50 €), donne : 3 214 €/50 € = 64,3 pièces par mois, soit 128,56 heures de production par mois.
Un mois de travail plein pour un salarié à 35 heures représente 151,67 heures par mois. En ajoutant les tâches liées à la vente, à la gestion et à la communication, il devient clair que cette charge de production est importante. Vous aidez alors Julie à envisager des alternatives pour équilibrer son projet : augmenter le prix de ses pièces, optimiser sa méthode de production pour réduire le temps par pièce, accepter un revenu initial plus faible, améliorer son taux de marge.

↓

En accompagnant Julie sur ces aspects, vous lui donnez les outils nécessaires pour structurer une activité réaliste et viable.

Deuxième étape : analyse SWOT

Vous réalisez ensuite une matrice SWOT :

- *forces :* talent pour le design et la qualité artisanale ;
- *faiblesses :* manque de stratégie de distribution et de plan financier ;
- *opportunités :* tendance croissante pour les produits écoresponsables ;
- *menace :* concurrence importante sur le marché des bijoux artisanaux.

Cette analyse aide Julie à identifier ses points d'amélioration et à structurer une stratégie de vente viable. De votre côté, voici ce que je vous encourage à faire pour optimiser votre accompagnement :

- découpez le travail en petites étapes concrètes pour éviter l'impression d'être submergé ;
- après le diagnostic, fixez des actions claires comme « contacter trois boutiques locales » ou « estimer le coût de production pour cinquante pièces » ;
- rappelez l'importance de l'itération : un projet n'a pas besoin d'être parfait au départ. L'important est d'avancer et d'ajuster en fonction des retours.

En structurant son idée avec des outils comme le BMC et la matrice SWOT, Julie repart avec une vision claire et réaliste de son projet.

Conclusion : structurer pour réussir

Face à un porteur de projet enthousiaste mais incomplet dans sa réflexion, votre rôle est d'apporter de la structure sans briser sa dynamique. En utilisant des outils comme le Business Model Canvas et en posant des questions ciblées, vous l'aidez à identifier les zones d'ombre et à élargir sa vision. L'objectif est de transformer une idée prometteuse en un projet viable, en équilibrant réalisme et encouragement.

« Mon concept va forcément fonctionner ! »

Valider le projet fondé sur des hypothèses non vérifiées

Il arrive fréquemment qu'un porteur de projet soit convaincu de la réussite de son idée sans avoir pris le temps de vérifier ses hypothèses. Cette confiance, bien que motivante, peut rapidement mener à des désillusions si elle n'est pas confrontée à la réalité du marché. En tant que conseiller, votre mission est d'aider le porteur à tester ses hypothèses et à ajuster son projet en fonction des retours concrets, tout en maintenant une attitude positive et constructive.

Pourquoi les hypothèses non vérifiées sont risquées ?

Un projet basé uniquement sur des suppositions comporte plusieurs risques majeurs :

- sans étude concrète, le produit ou service peut ne pas répondre à une réelle demande ;
- lancer un projet sans validation peut entraîner des pertes financières importantes, mais aussi une perte de temps et d'énergie ;
- la découverte tardive d'un manque d'intérêt du marché peut décourager même les entrepreneurs les plus passionnés.

Face à cette situation, vos objectifs en tant que conseiller sont multiples. Vous devez :

- identifier les hypothèses clés sur lesquelles repose le projet ;
- encourager une démarche de validation avant le lancement pour éviter les erreurs coûteuses ;
- favoriser l'humilité et l'adaptabilité chez le porteur de projet pour accepter et intégrer les retours du marché.

Le feedback, meilleur allié pour affiner le projet

Parlons un peu de feedback ! Parce qu'en réalité, c'est votre meilleur outil pour aider le porteur de projet à grandir sans casser sa motivation. Imaginez le feedback comme un bon plat : il doit être bien assaisonné, équilibré entre ce qui fonctionne bien et ce qu'il faut ajuster, sans être trop salé ni trop fade. Bref, il doit « nourrir » et pas seulement pointer les défauts.

Qu'est-ce qu'un bon feedback ?

Le feedback, c'est simplement une information que vous offrez à l'entrepreneur sur ce que vous observez. Cette information, il peut alors la prendre, la digérer et décider de l'appliquer… ou pas. L'idée est de rester constructif, factuel et bienveillant. Un bon feedback est ainsi concret et précis. Pas de généralités comme « ça ne va pas », on parle de faits observables et de comportements qu'on peut ajuster.

La recette magique : le « feedback sandwich »

Pour garder l'ambiance positive tout en apportant des points d'amélioration, adoptez donc la méthode du « feedback sandwich ».

1. *Commencer par un point positif* : repérez une action réussie, une compétence démontrée ou un effort particulier. Par exemple : « J'ai trouvé que votre enquête terrain était vraiment bien menée. Vous avez posé des questions pertinentes et vous avez su mettre les gens à l'aise. »

2. *Ajouter les points d'amélioration* : proposez des axes d'amélioration basés sur des faits précis, sans jugement. Par exemple : « Cependant, j'ai remarqué que certains segments de clients n'ont pas été pris en compte. Peut-être pourriez-vous inclure des familles dans vos prochaines enquêtes ? »

3. *Terminer par un encouragement :* finissez sur une note positive pour maintenir la motivation. Par exemple : « En tout cas, votre ouverture aux retours est vraiment top. Cela montre que vous êtes prêt à ajuster votre projet pour qu'il colle au mieux aux besoins de vos clients. »

Guider avec des outils simples

Des études de marché rapides et efficaces

L'étude de marché ne doit pas nécessairement être longue ou complexe. Proposez des méthodes simples et rapides pour valider les hypothèses principales.

- *Les enquêtes terrain* : aller à la rencontre de clients potentiels pour comprendre leurs besoins.
- *Les questionnaires en ligne* : utiliser des outils comme Google Forms pour collecter des avis à grande échelle et analyser les résultats.
- *L'observation directe* : étudier la concurrence ou le comportement des clients dans le secteur visé.

Vous trouverez, en scannant le QR Code ci-contre, un tableau complémentaire pour réaliser une analyse de la concurrence.

http://dunod.link/creactifs09

Des tests utilisateurs

Les tests utilisateurs permettent de confronter le produit ou service à la réalité du terrain.

- *Le prototypage rapide* : créer une version simplifiée du produit pour recueillir des premiers retours.
- *Les pop-up stores ou ventes éphémères* : tester l'offre dans un lieu temporaire pour évaluer la demande.

- *Les entrevues qualitatives* : discuter directement avec des clients potentiels pour comprendre leurs besoins et leurs objections.
- *Obtenir des précommandes :* proposer ses produits ou services et chercher à les vendre comme si l'entrepreneur était déjà en activité pour obtenir non pas des intérêts, mais bien des précommandes fermes. Attention aux signes d'intérêt des proches qui n'apportent que rarement quelque chose d'intéressant. En effet, ils veulent faire plaisir. Cependant, ils ne sont pas le reflet d'un marché.

Un plan de validation structuré

Établir un plan de validation permet de tester les hypothèses de manière méthodique.

1. Identifier les hypothèses clés (demande du marché, prix acceptable, pertinence de l'offre).
2. Définir des actions de validation (questionnaires, entretiens, tests de produit).
3. Analyser les résultats et ajuster le projet en fonction des données recueillies.

Favoriser l'approche maïeutique

Plutôt que de fournir des réponses toutes faites, encouragez le porteur de projet à arriver lui-même à ses propres conclusions. Cette démarche renforce son engagement et sa compréhension des défis rencontrés.

- *Stimuler la réflexion :* posez des questions ouvertes qui l'aident à analyser son marché. Par exemple : « Pourquoi pensez-vous que votre offre répond aux besoins de votre cible ? Quels signaux concrets vous laissent penser que ce segment est pertinent ? »
- *Reformuler pour clarifier* : reformulez les idées du porteur pour qu'il les verbalise clairement. Par exemple : « Si je comprends bien, votre objectif est de cibler les jeunes actifs. Quels sont leurs principaux points de douleur ? »

- *Inviter à la prise de recul* : aidez-le à évaluer ses hypothèses. Par exemple : « Et si votre marché cible n'était pas celui auquel vous pensez ? Qui d'autre pourrait être intéressé par votre offre ? »

L'approche maïeutique ne se limite pas à poser des questions, elle aide le porteur de projet à se sentir acteur de ses décisions et à accepter plus facilement les conclusions qu'il en tire.

Encourager l'humilité et l'adaptabilité

Aider un porteur de projet à remettre en question ses hypothèses demande une approche bienveillante et constructive. L'humilité et l'adaptabilité sont des qualités essentielles pour tout entrepreneur et votre rôle est de les encourager en douceur.

Commencez ainsi par valoriser les retours du marché. Rappelez que chaque feedback est une opportunité d'amélioration, pas une critique personnelle. Ensuite, posez des questions ouvertes. Plutôt que de pointer les erreurs, demandez : « Qu'est-ce que cela vous apprend sur votre marché ? » ou « Comment pourriez-vous ajuster votre offre ? » Puis, partagez des exemples de réussites. Montrez comment d'autres entrepreneurs ont pivoté avec succès après avoir testé leurs hypothèses. Enfin, insistez sur l'expérimentation. Proposez de voir le projet comme une série d'expériences itératives. « Ce n'est pas un échec, c'est une étape d'apprentissage. »

En adoptant cette posture, vous aidez le porteur à intégrer une démarche de progrès continu, essentielle pour s'adapter aux réalités du marché.

CAS PRATIQUE

Karim et son foodtruck

Karim souhaite lancer un foodtruck de cuisine mexicaine dans un quartier animé. Convaincu que son concept va séduire les habitants et les travailleurs locaux, il est prêt à se lancer sans validation préalable.
Pour lui éviter une erreur coûteuse, vous proposez à Karim de suivre un plan de validation :

- *enquête terrain* : Karim réalise des sondages auprès des habitants et des commerçants du quartier ;
- *analyse de la concurrence* : il découvre que plusieurs foodtrucks proposent déjà une offre similaire, ce qui pourrait limiter son succès ;
- *test utilisateur* : vous l'encouragez à organiser une journée de dégustation gratuite en partenariat avec un restaurant local pour évaluer l'attrait de son menu et collecter des avis.

Grâce à ces actions, Karim identifie une niche sous-exploitée : une offre de cuisine mexicaine végétarienne. Il ajuste son concept en conséquence et cible des emplacements moins saturés par la concurrence.

Conclusion : valider pour mieux réussir

Un projet basé sur des hypothèses non vérifiées risque de s'effondrer face à la réalité du marché. En tant que conseiller, votre mission est d'accompagner le porteur dans une démarche de validation rigoureuse, tout en maintenant sa motivation intacte. Grâce à des études de marché rapides, des tests concrets et un plan de validation structuré, vous l'aidez à transformer ses suppositions en certitudes ou, au contraire, à les revoir et à poser les bases d'un projet solide et adaptable.

« Mes clients viendront naturellement à moi ! »

Accompagner un entrepreneur qui pense qu'il n'a pas besoin de chercher des clients

J'ai vu énormément de porteurs de projet penser que le succès commercial suivrait naturellement le lancement de leur offre. Cette croyance en une vente facile peut conduire à l'absence totale de stratégie de vente ou à une sous-estimation des efforts nécessaires pour convaincre des clients. En tant que conseiller, votre rôle est d'aider le porteur de projet à structurer une stratégie commerciale réaliste et à identifier les blocages psychologiques qui empêchent le passage à l'action.

Pourquoi certains porteurs de projet pensent que vendre est simple ?

Plusieurs facteurs expliquent pourquoi certains porteurs de projet sous-estiment la complexité de la vente. Tout d'abord, une confiance excessive dans le produit/service les pousse à croire que la qualité de leur offre suffira à attirer les clients, convaincus que leur idée est si innovante qu'elle se vendra d'elle-même. Ensuite, le manque de connaissances en techniques de vente joue un rôle important. N'ayant jamais eu à prospecter ou à convaincre des clients, ils ne réalisent pas l'ampleur du travail de prospection nécessaire pour générer des ventes.

Derrière l'absence de ventes, plusieurs aspects doivent ainsi être pris en compte : les techniques de vente bien sûr, mais aussi l'offre, son prix et la validation du *product market fit* (l'adéquation produit/marché). Ces éléments sont interconnectés et travailler sur l'un peut influencer les autres. Une approche globale est donc essentielle pour assurer le succès.

Enfin, valider une seule hypothèse à la fois est indispensable. Tester plusieurs éléments simultanément (par exemple, changer à la fois l'offre et le prix) complique l'analyse des résultats. Cela empêche de savoir précisément ce qui a conduit à une réussite ou à un échec. Un test = une hypothèse.

Face à cette situation, vos missions sont les suivantes.

1. Structurer une stratégie commerciale claire pour rendre les ventes possibles et efficaces.
2. Démythifier la vente et accompagner le porteur dans l'apprentissage de cette compétence. Cela inclut de viser une cible précise, de tester une première mission avec elle, puis d'apprendre et progresser sur la base des retours.
3. Identifier et lever les blocages psychologiques (comme la peur de vendre ou le manque de confiance) pour que le porteur de projet devienne réceptif à l'apprentissage. Si un blocage persiste, il devient difficile pour lui d'intégrer de nouvelles compétences ou d'adopter une stratégie efficace.

Guider avec des outils simples

Une stratégie de vente structurée

Aussi, vous pouvez guider le porteur de projet à élaborer une stratégie de vente structurée en plusieurs étapes.

- Commencez par définir la cible en identifiant les clients idéaux ainsi que leurs besoins et attentes.
- Clarifiez l'offre en précisant ce qui rend le produit ou le service unique et attractif.
- Établissez des canaux de vente adaptés, qu'ils soient en ligne, en physique, via des partenaires ou des salons professionnels.
- Créez un argumentaire de vente solide en mettant en avant les principaux bénéfices du produit et en anticipant les réponses aux objections possibles.

Un plan d'action commercial concret

Un plan d'action commercial bien construit repose sur des objectifs clairs, des actions concrètes et un suivi rigoureux. Voici les étapes clés pour le rendre efficace.

1. Définir des objectifs SMART. Par exemple : « Fidéliser 15 % des clients en un an ou acquérir 150 nouveaux clients au premier trimestre. »
2. Réaliser une prospection régulière. Par exemple : « Contacter dix nouveaux prospects via appels, mails ou réseaux sociaux. » Diversifier les canaux avec des salons professionnels, des événements de networking ou du marketing direct.
3. Mettre en place des campagnes de communication adaptées à la cible en utilisant les réseaux sociaux, l'e-mailing et des actions terrain. Par exemple : « Utiliser un calendrier éditorial pour planifier les publications et des outils comme MailChimp pour automatiser les envois. »
4. Analyser la concurrence pour comprendre les offres existantes et identifier ses différenciateurs. Par exemple : « Utiliser des matrices comme SWOT ou PESTEL pour avoir une vue claire de son positionnement. »
5. Structurer et prioriser les actions. Par exemple : « Organiser une campagne de publicité en ligne avec un budget de 500 € et une durée de quatre semaines. » Attribuez des délais et définissez le budget nécessaire pour chaque action.
6. Suivre les résultats avec des KPI pour évaluer les performances. Par exemple : « nombre de prospects contactés, taux de conversion, chiffre d'affaires généré, retour sur investissement (ROI), etc. permettant d'ajuster les actions en fonction des résultats obtenus. »

Un plan d'action commercial bien structuré, aligné avec les objectifs stratégiques et ajusté régulièrement, permet au porteur de projet d'optimiser ses ressources et de maximiser ses chances de réussite sur le marché.

Adopter une posture d'accompagnant en stratégie commerciale

La vente est souvent perçue comme une activité intimidante par les porteurs de projet. Derrière cette réticence se cachent parfois des blocages psychologiques comme :

- *la peur du rejet* : la crainte d'essuyer des refus peut paralyser. Encouragez donc le porteur à voir chaque refus comme une opportunité d'apprentissage plutôt qu'un échec personnel. Demandez-lui s'il a déjà vécu des situations où il a affronté des refus dans d'autres contextes. Cela l'aidera à prendre du recul et à voir que le rejet fait partie du parcours ;
- *le manque de confiance* : certains doutent de leur capacité à convaincre ou de la valeur de leur offre. Aidez le porteur à identifier les points forts de son produit ou service pour enrichir son argumentaire. Proposez des simulations de vente pour s'entraîner. Interrogez-le sur des moments où il a réussi à convaincre quelqu'un, même en dehors du travail. Ces souvenirs peuvent renforcer sa confiance ;
- *le sentiment d'intrusion* : vendre peut sembler dérangeant ou trop agressif. Montrez que la vente, c'est avant tout répondre à un besoin réel. Invitez le porteur à repenser des moments où il a apporté de l'aide ou des solutions à quelqu'un. Cela peut l'aider à voir la vente comme une démarche positive et bienveillante.

En résumé, il vous faudra adopter une approche bienveillante et structurée. Posez ainsi des questions ouvertes pour identifier les blocages comme : « Qu'est-ce qui vous freine dans l'idée de prospecter ? » ou « Avez-vous déjà vécu une situation similaire dans le passé ? » Cela permet au porteur de projet d'exprimer ses craintes et de prendre du recul sur ses expériences. Valorisez chaque réussite, même petite. Chaque tentative de vente, même sans résultat immédiat, est une étape positive. Rappelez-lui des moments où il a réussi à convaincre quelqu'un ou surmonté un obstacle pour nourrir sa motivation. Enfin, encouragez une pratique régulière. La confiance en vente vient avec l'entraînement. Plus le porteur pratique et se confronte au terrain, plus il se sentira à l'aise et capable d'aborder la vente sereinement.

En explorant ses expériences passées, vous pouvez l'aider à identifier des compétences qu'il possède déjà. Cela l'aidera à dépasser ses blocages et à aborder la vente avec plus de sérénité.

CAS PRATIQUE

Mélissa, une formatrice RH sans stratégie de vente

Mélissa est une consultante en ressources humaines qui souhaite lancer des formations sur la gestion du stress au travail. Convaincue de l'utilité de son offre, elle pensait que ses services allaient naturellement attirer des clients. Pourtant, après plusieurs mois sans aucun contrat signé, il devient nécessaire de repenser son approche commerciale.

Pour l'aider à surmonter cette impasse, commencez par une approche structurée. Il est important de définir précisément sa cible : elle identifie deux segments clés de clients potentiels, à savoir les PME locales, souvent dépourvues de dispositifs internes de gestion du stress, et les grandes entreprises qui cherchent à renforcer le bien-être de leurs salariés.

Ensuite, il convient de clarifier son offre en la rendant plus lisible et attractive. Plutôt que de structurer immédiatement une offre complète, l'objectif prioritaire est de trouver un premier moyen concret de travailler avec ses deux cibles identifiées. Cela permettra de tester le terrain, d'affiner son approche et d'apprendre directement des interactions avec ces segments. À partir de ces premiers apprentissages, elle pourra progressivement empiler d'autres services et construire une offre plus complète en fonction des retours et des besoins réels. Par exemple :

- commencer par de courts ateliers de sensibilisation à la gestion du stress pour les PME locales ;
- proposer des formations approfondies aux grandes entreprises une fois le format validé ;
- ajouter des accompagnements individuels pour les managers en difficulté à mesure que la demande s'affirme.

↓

Cette approche permet non seulement d'optimiser ses efforts, mais aussi d'identifier rapidement la meilleure stratégie en collaborant directement avec sa cible.

Par ailleurs, pour attirer ces clients, il est nécessaire de concevoir un plan de prospection concret. Ce plan pourrait inclure :

- contacter cinquante PME par semaine par mail ou téléphone pour proposer ses services ;
- participer à des salons et événements RH pour élargir son réseau et se faire connaître ;
- créer des posts LinkedIn pour partager des conseils pratiques et maintenir le lien avec ses contacts.

En complément, renforcer ses compétences en vente et négociation serait totalement adapté. En tant que consultante, Mélissa pourrait bénéficier d'une formation en techniques de vente pour apprendre à structurer son argumentaire, répondre aux objections et améliorer son taux de conversion. Des organismes de formation comme CréActifs ou les CCI, ou des associations professionnelles, proposent des formations courtes et pratiques adaptées à son besoin.

Enfin, encouragez Mélissa à développer une stratégie de communication ciblée. Elle pourrait utiliser LinkedIn pour publier des contenus sur le bien-être au travail ou créer des webinaires pour présenter son expertise. Cette approche permettra d'accroître sa visibilité, d'attirer des prospects qualifiés et de se positionner comme une experte reconnue.

Avec ces actions combinées, Mélissa disposera des outils et des compétences nécessaires pour développer efficacement sa clientèle et transformer son offre en succès commercial.

Conclusion : structurer pour passer à l'action

La vente ne s'improvise pas et une stratégie commerciale solide est indispensable pour réussir. En tant que conseiller, votre rôle est de structurer cette démarche, de démythifier la vente et d'accompagner le porteur à surmonter ses blocages. En combinant des actions concrètes avec un soutien psychologique adapté, vous l'aidez à se mettre en mouvement et à transformer son idée en succès commercial.

« Je n'ai pas vraiment besoin d'accompagnement »

Faire face aux entrepreneurs trop confiants

Il arrive parfois que des porteurs de projet soient persuadés de maîtriser tous les aspects de leur entreprise. Cette confiance excessive, bien que positive à certains égards, peut devenir un frein majeur lorsque le besoin d'accompagnement est minimisé ou même rejeté. Cela va contre l'essence même de l'entrepreneuriat, car il s'agit d'un apprentissage continu. En tant que conseiller, votre défi est de réussir à établir un dialogue constructif sans confrontation, tout en révélant les failles potentielles du projet.

Pourquoi certains entrepreneurs minimisent le besoin d'accompagnement ?

Plusieurs facteurs peuvent expliquer pourquoi un entrepreneur pense ne pas avoir besoin de conseils.

- Ils ont occupé des postes à responsabilité et pensent pouvoir tout gérer seuls.
- Leur expérience en management les a habitués à déléguer des tâches sans se pencher sur les détails.
- Ils associent l'accompagnement à une faiblesse et veulent prouver qu'ils peuvent réussir seuls.
- Avoir réussi dans d'autres contextes leur donne un sentiment de sécurité parfois trompeur.

Face à ce type de profil, vos missions sont de révéler les lacunes de manière constructive sans remettre en cause leur confiance en eux, établir une posture d'écoute et d'observation pour éviter la confrontation directe, proposer des outils d'évaluation précis pour faire émerger les besoins d'accompagnement.

Guider avec des outils simples

Des questions miroir pour révéler les failles

Les questions miroir permettent de confronter le porteur à ses propres réponses et de lui faire prendre conscience des éventuelles lacunes dans son projet. L'idée est de parcourir tous les aspects du projet pour s'assurer qu'ils ont bien été couverts. Voici quelques exemples.

- Quelles sont vos hypothèses de chiffre d'affaires et de rentabilité pour les trois premières années ?
- Comment avez-vous validé ces hypothèses ?
- Avez-vous envisagé des scénarios en cas d'imprévus ?
- Quels sont vos canaux d'acquisition et comment les avez-vous testés ?
- Quelles ressources humaines et matérielles sont nécessaires à chaque étape de votre projet ?

Ces questions incitent le porteur à réfléchir de manière approfondie et structurée sur chaque dimension de son projet, tout en mettant en lumière les aspects qui nécessitent encore du travail ou des validations concrètes.

Un diagnostic rapide et précis

Un diagnostic succinct mais complet peut également rapidement révéler les zones d'ombre du projet. Utilisez des outils tels que :

- le Business Model Canvas (BMC) pour examiner les différentes dimensions du projet ;
- la matrice SWOT pour identifier les faiblesses et menaces qui pourraient avoir été négligées ;

- une hypothèse de chiffre d'affaires et une modélisation financière pour évaluer la viabilité économique du projet.

Un débriefing structuré

Après le diagnostic, réalisez un débriefing clair et constructif qui valorise la participation active de l'entrepreneur.

1. Valorisez les points forts pour éviter une réaction défensive et renforcer sa confiance.
2. Utilisez une démarche maïeutique : plutôt que de pointer directement les lacunes, posez des questions ouvertes pour que l'entrepreneur les identifie lui-même. Par exemple : « Qu'est-ce qui, selon vous, pourrait mieux fonctionner ? Quels retours vous ont le plus surpris ou interpellé ? Y a-t-il des segments que vous auriez envie d'explorer davantage ? »
3. Proposez des axes d'amélioration en guidant sa réflexion vers des recommandations pratiques, mais toujours en respectant son rythme et ses conclusions.

Cette méthode permet à l'entrepreneur de mieux s'approprier les constats et les actions à mettre en place, tout en développant son autonomie et sa capacité d'analyse.

Adopter une posture d'observation et d'interrogation

Face à un entrepreneur trop confiant, votre posture doit être équilibrée entre fermeté et bienveillance. Voici quelques stratégies pour maintenir un dialogue constructif.

- *Restez calme et humble* : ne cherchez pas à prouver que vous avez raison. Maintenez une posture d'écoute et d'observation pour éviter la confrontation.
- *Posez des questions pertinentes* qui permettront au porteur de projet d'identifier lui-même ses points d'amélioration. Orientez-le vers une réflexion critique sans l'attaquer directement : « Quelles sont vos principales préoccupations concernant ce projet ? Quels retours avez-vous obtenus de votre marché ? »

- *Évitez l'escalade* : si le porteur semble sur la défensive, reformulez vos questions de manière plus douce ou orientez la discussion vers des points factuels.
- *Appuyez-vous sur des faits et des données* : utilisez des outils concrets comme le BMC ou la matrice SWOT pour appuyer vos observations et éviter les débats subjectifs.
- *Valorisez les compétences existantes* : reconnaissez les atouts du porteur pour préserver sa confiance et faciliter l'acceptation des axes d'amélioration.

CAS PRATIQUE

Martin, un consultant IT trop confiant

Martin est un consultant en informatique qui souhaite créer une entreprise de services IT pour les PME. Fort de ses quinze ans d'expérience dans une grande société, il est convaincu que ses compétences techniques et son réseau suffiront pour attirer les clients. Lors du premier entretien, il affirme ne pas avoir besoin d'aide pour sa stratégie commerciale ou financière.

Vous adoptez une approche structurée pour l'accompagner. Pour l'aider à clarifier sa stratégie, vous lui posez des questions miroir qui l'amènent à réfléchir sur ses actions concrètes : « Comment comptez-vous acquérir vos premiers clients hors de votre réseau actuel ? Avez-vous validé votre positionnement prix auprès de PME ? Comment ? »

Puis, vous l'orientez vers un diagnostic rapide à l'aide du Business Model Canvas (BMC). Vous le guidez dans cet exercice en lui posant des questions précises sur chaque dimension du modèle, de manière qu'il identifie lui-même les points faibles : « Quelle est la valeur unique que vous proposez aux PME ? Quels sont vos canaux de prospection et comment comptez-vous les activer ? Avez-vous calculé précisément vos charges fixes et variables ? » L'objectif est qu'il prenne conscience des aspects à renforcer, tout en s'appropriant les solutions. Vous êtes là pour structurer la réflexion, pas pour imposer un diagnostic.

↓

Enfin, vous terminez par un débriefing structuré pour le guider vers des solutions concrètes, en valorisant ses atouts : « Votre expertise est indéniable et vous avez un réseau solide », en soulignant les axes d'amélioration : « La stratégie de prospection et la structuration des coûts méritent d'être précisées », puis en proposant une action : « Développons ensemble un plan d'action commercial et modélisons vos charges pour sécuriser votre lancement. »

Martin prend alors conscience des aspects négligés sans se sentir dévalorisé. Il accepte de travailler sur ces points avec votre soutien et élabore une stratégie de prospection structurée.

Conclusion : guider avec tact et précision

Faire face à un entrepreneur trop confiant exige une approche délicate et structurée. En posant des questions stratégiques, en réalisant un diagnostic rapide et en le faisant accoucher des points d'amélioration de son projet, vous l'aidez à prendre conscience des lacunes sans briser sa motivation. Votre rôle est de créer un espace d'échange constructif où la réflexion critique devient une opportunité d'amélioration. En adoptant une posture d'observation et de questionnement, vous renforcez la crédibilité de votre accompagnement et encouragez une collaboration fructueuse.

« Je veux que tout soit parfait avant de me lancer ! »

Gérer le perfectionnisme et le besoin de tout contrôler

Je ne le sais que trop bien. Le perfectionnisme est une qualité souvent valorisée, mais lorsqu'il devient excessif, il peut retarder, voire paralyser le lancement d'un projet. En tant que conseiller, votre mission est d'aider ces entrepreneurs à se confronter au terrain (et d'itérer) pour trouver un équilibre entre qualité et efficacité. C'est la meilleure méthode existante pour éviter un blocage.

Pourquoi le perfectionnisme peut devenir un frein ?

À l'école, le premier était celui qui avait la meilleure note. En entreprise (et encore plus en entrepreneuriat), c'est le ratio entre les moyens utilisés et les résultats qui importe. Si vous obtenez la meilleure note mais que vous avez travaillé pendant des mois dessus, cela n'est pas forcément « rentable ». Le perfectionnisme peut ainsi être motivé par plusieurs facteurs :

- *la peur de l'échec* : la crainte des critiques ou du rejet pousse certains à vouloir que tout soit parfait avant de se lancer, retardant ainsi le passage à l'action ;
- *le manque de confiance en soi* : en doutant de leurs compétences, les entrepreneurs perfectionnistes tentent de tout maîtriser pour éviter les erreurs, ce qui les paralyse souvent dans l'exécution ;

- *la surestimation de ses compétences :* certains pensent pouvoir tout gérer eux-mêmes – production, marketing, vente – sans réaliser que cela peut rapidement devenir inefficace ;
- *le besoin de contrôle* : vouloir superviser chaque détail du projet peut ralentir le processus et limiter l'efficacité globale ;
- *le manque de compréhension de toutes les facettes d'un projet* : un perfectionniste peut penser que son projet de création est abouti à 100 % (c'est donc son prisme), alors qu'il n'aura peut-être travaillé qu'un quart des réels sujets relatifs à l'entreprise.

Le perfectionnisme rentre donc en opposition avec une approche itérative telle que l'effectuation. Pourtant, l'effectuation reste le meilleur moyen d'apprendre et de progresser. Se lancer avec ce que l'on a – et pas avec ce que l'on voudrait – permet en effet de réaliser des boucles d'itération pour améliorer le projet en fonction des retours, signer des premiers clients, tester l'offre et ajuster, transformer les hypothèses en certitudes tout en construisant une dynamique positive autour du projet.

Enfin, il faut aussi tenir compte des limites liées aux moyens disponibles. Tout le monde n'a pas la possibilité de déléguer, surtout au début ! Évaluer le ratio coût/résultat/temps passé avant de déléguer une tâche est alors une bonne option. La délégation ne doit être envisagée que lorsque le coût est justifiable par rapport aux résultats attendus, le gain de temps sur la tâche déléguée est significatif et peut être réinvesti sur des aspects stratégiques du projet.

Identifier ces freins et opportunités permet d'accompagner le perfectionniste dans une démarche équilibrée.

Guider avec des outils simples

La règle des 80/20 (loi de Pareto)

La règle des 80/20 stipule que 80 % des résultats proviennent de 20 % des efforts. Aidez ainsi le porteur à identifier les tâches les plus impactantes et à se concentrer dessus plutôt que de chercher à tout perfectionner. Vous pouvez lui poser les questions suivantes.

- Quelles actions ont déjà donné les meilleurs résultats jusqu'à présent ?

- Si vous deviez vous concentrer uniquement sur trois tâches pour avancer rapidement, lesquelles choisiriez-vous ?
- Parmi toutes vos tâches actuelles, lesquelles sont essentielles au succès immédiat du projet ?

La matrice d'Eisenhower

La matrice Eisenhower, comme nous l'avons vu, aide également à classer les tâches en fonction de leur urgence et de leur importance. Pour rappel :

- *urgent et important :* à faire immédiatement ;
- *important mais non urgent :* à planifier ;
- *urgent mais non important* : à déléguer ;
- *non urgent et non important :* à éliminer ou à reporter.

Cet outil permet au porteur de projet de se concentrer sur l'essentiel et d'éviter de se disperser.

Accompagner et encourager le passage à l'action

Rappelez au porteur de projet que l'imperfection fait naturellement partie du processus entrepreneurial. Chaque action imparfaite est une opportunité d'apprentissage et d'amélioration. Encouragez une approche itérative où l'essentiel est de progresser étape par étape plutôt que d'atteindre la perfection du premier coup (ce qui n'arrive jamais !).

- **Valoriser les petites victoires**

Pour maintenir la motivation, soulignez chaque étape franchie avec des encouragements concrets : « Vous avez lancé votre premier webinaire, c'est une étape majeure ! » ou « Ce prototype est une excellente base pour évoluer. » Ces petites victoires sont autant de preuves que le projet avance, même si tout n'est pas parfait.

- **Réduire le sentiment de surcharge**

Pour éviter que le porteur de projet ne se sente dépassé, proposez des tâches simples et concrètes : « Aujourd'hui, concentrez-vous uniquement sur l'inscription au webinaire. » Découper les objectifs en actions réalisables aide à transformer une montagne insurmontable en une série de petites étapes accessibles.

▬ Utiliser des outils pour gérer le temps et la productivité

Plutôt que de déléguer, ce qui est souvent difficile pour les porteurs de projet en solo, proposez des outils pour mieux gérer son temps et augmenter son efficacité. Par exemple, la méthode Pomodoro est particulièrement utile pour rester concentré : cette technique consiste à travailler par intervalles de 25 minutes, appelées « Pomodoro », suivies de 5 minutes de pause. Après quatre sessions de 25 minutes, une pause plus longue de 15 à 30 minutes est recommandée. Cela permet de maintenir la concentration, de réduire la fatigue mentale et d'avancer de manière régulière. En appliquant cette méthode, le porteur de projet peut se focaliser sur une tâche précise sans se laisser distraire et ressentir une satisfaction immédiate en accomplissant des sessions de travail productives.

Ces approches combinées permettent au porteur de projet de dédramatiser l'imperfection, de célébrer les progrès réalisés et de gérer son temps efficacement pour éviter le surmenage.

CAS PRATIQUE

Marina, une coach en développement personnel perfectionniste

Marina est une coach en développement personnel qui souhaite lancer une série de webinaires. Elle a passé des mois à peaufiner son contenu, son site web et ses supports marketing. Pourtant, malgré ses compétences, elle n'a toujours pas lancé son offre, paralysée par le besoin de perfection.

Pour l'aider à dépasser ses blocages, vous appliquez la règle des 80/20 en l'orientant vers les éléments essentiels pour le lancement, comme le contenu du webinaire et le processus d'inscription en ligne. Vous l'incitez à mettre de côté les détails moins critiques, comme un design de site web parfaitement abouti ou des supports marketing trop complexes.

↓

En utilisant la matrice d'Eisenhower, vous l'aidez également à prioriser ses tâches de manière pragmatique :

- *urgent et important* : finaliser le contenu du premier webinaire pour garantir une prestation de qualité ;
- *important mais non urgent* : améliorer le design du site après le lancement initial, une fois les premiers retours obtenus ;
- *urgent mais non important* : créer des publications pour les réseaux sociaux, une tâche qu'elle peut déléguer pour gagner du temps.

En parallèle de la matrice d'Eisenhower, vous lui recommandez aussi de définir des micro-jalons pour l'aider à avancer pas à pas : si, par exemple, elle décide de poster une vidéo tous les trois jours sur sa chaîne YouTube, elle pourra presque directement lancer son webinar, car son contenu sera existant. Publier son webinaire ne s'agira donc que d'un micro-jalon supplémentaire.

Grâce à ces outils, Marina lance son premier webinaire avec succès. Les retours positifs la rassurent et lui permettent d'ajuster son offre sans chercher une perfection inutile. Elle réalise que le passage à l'action est plus bénéfique que l'attente interminable.

Conclusion : passer de la réflexion à l'action

Le perfectionnisme excessif peut étouffer même les meilleurs projets. En introduisant des concepts comme la règle des 80/20 et la matrice d'Eisenhower, vous offrez des solutions concrètes pour surmonter ce frein. Votre rôle est d'accompagner le porteur de projet vers une mise en action progressive, en valorisant chaque avancée et en dédramatisant l'imperfection. Le lancement imparfait, mais réel, est souvent le premier pas vers le succès.

« En quoi mon produit ou service a-t-il une valeur ajoutée sur le marché ? »

Clarifier une proposition de valeur floue

Une proposition de valeur claire est le pilier central d'un projet réussi. Pourtant, certains porteurs de projet peinent à expliquer en quoi leur produit ou service se distingue de la concurrence ou pourquoi il répond réellement à un besoin client. En tant que conseiller, votre mission est de les aider à identifier ce qui rend leur offre unique et pertinente pour leur marché cible. Une proposition de valeur floue peut entraîner un manque de direction stratégique, des difficultés à convaincre les clients et un risque d'échec au lancement.

Pourquoi une proposition de valeur est-elle indispensable ?

Plusieurs indices peuvent révéler une proposition de valeur mal définie :

- le porteur de projet peine à expliquer simplement et efficacement ce que propose son produit/service ;
- l'offre semble identique à celle de nombreux concurrents ;
- le produit s'adresse à un public trop large ou mal défini ;
- les avantages pour le client ne sont pas évidents.

Vos objectifs face à une proposition de valeur fragile sont alors de clarifier l'offre pour la rendre percutante et différenciante, aider à identifier précisément le public cible et ses besoins, construire un discours simple, concis et convaincant.

Guider avec des outils simples

Une proposition de valeur claire et différenciante

Une proposition de valeur efficace doit répondre à trois questions essentielles.

- Quel problème votre produit résout-il ?
- Pour qui est-il conçu ?
- En quoi est-il différent ou meilleur que les solutions existantes ?

Encouragez le porteur de projet à formuler une phrase simple qui résume ces trois points. La proposition de valeur doit être spécifique et éviter le jargon compliqué. Le message clé à retenir est le suivant : « Si vous ne pouvez pas expliquer en une phrase votre proposition de valeur, vos clients ne le comprendront pas non plus. »

Attention : la proposition de valeur ne met pas forcément en avant quelque chose de totalement révolutionnaire ou innovant. Par exemple, un électricien capable de délivrer des devis en 24 heures propose un service différenciant sur le marché, mais n'a pourtant rien inventé.

Le canevas de proposition de valeur

Pour structurer cette réflexion, proposez au porteur d'utiliser le canevas de proposition de valeur :

- *profil du client* : identifier les besoins, les problèmes et les attentes des clients ;
- *carte de valeur* : décrire les caractéristiques du produit et les bénéfices qu'il apporte.

Cet outil permet de s'assurer que le produit est en parfaite adéquation avec le besoin client.

Pour aller plus loin dans cette démarche, utilisez l'outil « Les clés du projet » dont je vous ai parlé dans la partie 2 de cet ouvrage. Cet outil aide à structurer les réflexions stratégiques, en permettant de clarifier les éléments fondamentaux de l'offre : les besoins clients, les bénéfices apportés et les points de différenciation. En remplissant « Les clés du projet », le porteur pourra renforcer sa proposition de valeur et s'assurer qu'elle est en parfaite adéquation avec le marché ciblé.

Des personas clients précis

Un persona, comme nous l'avons vu, est une représentation détaillée du client idéal. Aidez le porteur à créer plusieurs personas pour mieux comprendre leurs besoins et frustrations, leurs comportements d'achat et les canaux de communication à privilégier. Voici quelques exemples de questions à poser.

- Quels problèmes rencontrent vos clients que votre produit pourrait résoudre ?
- Quels sont leurs objectifs et leurs motivations ?
- Comment prennent-ils leurs décisions d'achat ?

Adopter une posture stratégique en positionnement

Votre rôle est d'aider le porteur à comprendre que son produit a une véritable utilité, même si tout n'est pas parfait au départ. Rappelez-lui que la valeur vient souvent de la capacité à résoudre un problème spécifique, pas de la complexité de l'offre. Pour renforcer cette confiance, vous pouvez :

- *mettre en avant les bénéfices concrets :* aidez le porteur à se concentrer sur ce que son produit change concrètement dans la vie du client ;
- *valoriser les témoignages* : proposez de recueillir des retours positifs de premiers utilisateurs pour renforcer la crédibilité de l'offre ;
- *faire des analogies* : comparez le produit à des solutions connues pour faciliter la compréhension : « C'est comme un assistant personnel, mais pour la gestion d'équipe. »

Exercice : créer une phrase de proposition de valeur

- *Identifier le client cible* : « Pour [public cible]... »
- *Préciser le problème résolu :* « Qui rencontre [problème spécifique]... »
- *Détailler la solution apportée* : « Notre produit [solution proposée]... »
- *Ajouter le bénéfice différenciant* : « Ce qui permet de [bénéfice unique]... »

Exemple : « Pour les responsables d'équipe qui peinent à suivre la productivité, notre application propose des statistiques en temps réel et des rappels intelligents, ce qui permet d'optimiser les tâches sans effort. »

CAS PRATIQUE

Thomas, créateur d'une application

Thomas a développé une application de gestion de tâches, convaincu qu'elle simplifiera la vie des professionnels. Cependant, lorsqu'on lui demande ce qui la distingue des autres applications sur le marché, il répond de manière vague : « Elle est facile à utiliser et aide à s'organiser. » Vous travaillez donc avec Thomas pour clarifier sa proposition de valeur.

Étape 1 : canevas de proposition de valeur

- *Profil du client :* professionnels ayant une charge de travail élevée, comme les responsables d'équipe ou managers, qui cherchent à améliorer la productivité et le suivi des tâches de leurs collaborateurs.
- *Carte de valeur :* l'application propose une interface intuitive, des rappels automatisés pour ne rien oublier et des statistiques claires pour évaluer l'efficacité et optimiser le travail des équipes.

Étape 2 : création de personas

- *Marie* : responsable marketing de 35 ans, elle coordonne une équipe de cinq personnes et cherche une solution pour centraliser les tâches et améliorer la communication interne.

↓

- *David* : freelance de 28 ans, il gère plusieurs projets clients simultanément et souhaite mieux organiser ses missions pour respecter ses délais sans stress.

Ces personas permettent à Thomas de mieux cibler ses utilisateurs et d'adapter sa communication pour répondre précisément à leurs besoins.

Étape 3 : formulation de la proposition de valeur

Après réflexion, Thomas clarifie sa proposition de valeur : « Notre application de gestion de tâches aide les responsables d'équipe à suivre la productivité en temps réel et à optimiser leurs processus grâce à des rappels intelligents et des statistiques simplifiées, le tout dans une interface facile à utiliser. »
Avec une proposition de valeur claire et des personas précis, Thomas adapte sa communication et cible mieux ses campagnes marketing. Ses prospects comprennent rapidement que son application apporte quelque chose de différent.

Conclusion : affiner pour convaincre

Une proposition de valeur floue peut être un frein majeur à la réussite du projet. En guidant le porteur de projet avec des outils comme le canevas de proposition de valeur et en définissant des personas clients, vous l'aidez à clarifier sa proposition de valeur. La confiance en sa capacité à apporter de la valeur se construit progressivement, à travers une meilleure compréhension des besoins clients et une communication claire. En accompagnant cette démarche, vous posez les bases d'un positionnement solide et convaincant.

« Je ne veux me fermer à personne ! »

Cibler un public précis pour une stratégie efficace

L'une des erreurs courantes des porteurs de projet est de vouloir s'adresser à tout le monde. Par peur de manquer des opportunités, ils diluent leur message et compromettent l'efficacité de leur communication. Pourtant, tenter de toucher un public trop large revient souvent à ne toucher personne de manière pertinente. En tant que conseiller, votre rôle est d'aider le porteur à définir une cible claire pour maximiser l'impact de sa stratégie commerciale et marketing.

Pourquoi cibler un public précis ?

Ne pas définir de cible précise présente plusieurs inconvénients : une communication générale ne s'adresse à personne en particulier, le marketing coûte cher lorsqu'il n'est pas ciblé, le produit ne se distingue pas clairement sur le marché. Vos objectifs pour guider le porteur de projet sont alors les suivants.

- Aider le porteur à identifier efficacement ses cibles.
  - Commencez par l'aider à définir son cœur de cible : ce sont ses clients idéaux, ceux qui sont les plus susceptibles d'acheter son produit ou son service et de booster son chiffre d'affaires.
  - Élargissez un peu pour englober sa cible principale, c'est-à-dire l'ensemble des clients qu'il souhaite séduire avec ses offres et auprès desquels il va concentrer ses efforts marketing.
  - Aidez-le à trouver sa cible secondaire : ce sont les partenaires, influenceurs, journalistes ou prescripteurs qui peuvent parler de sa marque et toucher de nouveaux consommateurs à sa place. Même s'ils ne sont pas

directement des clients, leur pouvoir d'influence peut ouvrir la porte à de belles opportunités !

- Clarifier le message et le positionnement de l'offre.
- Sélectionner les canaux de communication les plus efficaces pour chaque cible.

Guider avec des outils simples

Les personas

Les personas sont des représentations fictives des clients idéaux permettant de comprendre en profondeur les besoins, comportements et motivations de chaque segment de clientèle. Réaliser ainsi avec le porteur de projet l'atelier persona (voir plus loin).

Des canaux de communication adaptés

Une fois les personas définis, il est plus simple de sélectionner les canaux de communication les plus appropriés :

- réseaux sociaux (Facebook, Instagram, LinkedIn) : selon l'âge et le profil des clients ;
- mail marketing : efficace pour fidéliser une clientèle déjà engagée ;
- événements et salons : pour des produits ou services nécessitant un contact direct ;
- référencement naturel et contenu de blog : pour attirer des clients via les moteurs de recherche.

Une méthode pratique pour définir sa cible : l'atelier persona

L'atelier persona est un exercice concret pour aider le porteur de projet à clarifier sa cible. Voici les étapes pour mener cet atelier.

▬ Étape 1 : créer une fiche persona

Demandez au porteur de remplir une fiche persona en répondant à ces questions :

- nom et prénom fictifs du persona ;
- âge, genre et situation professionnelle ;
- besoins et attentes principaux ;
- problèmes rencontrés ;
- canaux d'information et d'achat préférés.

▬ Étape 2 : identifier les besoins et objectifs

Discutez avec le porteur des besoins et objectifs de chaque persona. Exemple : « Quels problèmes ce persona cherche-t-il à résoudre avec votre produit ? »

▬ Étape 3 : sélectionner les canaux de communication

Associez chaque persona à des canaux spécifiques : « Quels canaux permettront de toucher ce persona de manière efficace ? »

▬ Étape 4 : Rédiger le message marketing

Travaillez ensemble sur un message marketing clair et percutant pour chaque persona : « Quelle promesse ou quel bénéfice répond spécifiquement aux besoins de ce persona ? »

Scannez le QR Code suivant pour télécharger une trame qui vous permettra de réaliser votre persona.

http://dunod.link/creactifs10

CAS PRATIQUE

Sophie, créatrice de produits bien-être naturels

Sophie propose des produits bien-être naturels, mais en voulant s'adresser à tout le monde, sa stratégie commerciale globale manque de précision et peine à convaincre. Pour l'aider, vous lui proposez de définir deux personas précis :

- Claire, 30 ans, jeune professionnelle citadine cherchant des solutions rapides contre le stress quotidien ;

- Nathalie, 45 ans, mère de famille souhaitant instaurer une ambiance relaxante et sécuritaire à la maison.

Claire a besoin de produits pratiques pour décompresser rapidement, tandis que Nathalie privilégie des options sûres pour sa famille. Les canaux de communication adaptés pour Claire incluent ainsi Instagram et des newsletters avec des conseils express, alors que pour Nathalie, des articles de blog et des salons de bien-être familial sont plus efficaces.
Sophie affine ses messages : « Des huiles essentielles pour évacuer le stress en un instant » pour Claire, et : « Créez un cocon de détente pour toute la famille » pour Nathalie. Résultat ? Une communication ciblée qui booste l'engagement et les ventes, permettant à Sophie d'atteindre enfin ses clients idéaux et d'optimiser ses efforts marketing.

Conclusion : être précis pour mieux convaincre

Une cible bien définie est la clé d'une communication efficace et d'une stratégie de vente réussie. En accompagnant le porteur de projet avec des outils comme les personas, vous l'aidez à concentrer ses efforts sur les clients qui comptent vraiment. Se concentrer sur une niche ne signifie pas exclure d'autres clients, mais optimiser les ressources et maximiser l'impact. Grâce à votre accompagnement, le porteur apprend à parler le langage de ses clients et à positionner son offre avec justesse et clarté.

« Comment fixer le juste prix pour mon produit ou service ? »

Élaborer une stratégie prix pour renforcer la compétitivité

Fixer le bon prix est une question aussi stratégique que délicate pour tout entrepreneur. Une stratégie prix mal pensée peut rapidement devenir un frein à la croissance ou à la pérennité de l'entreprise. En tant que conseiller, vous pouvez être amenés à accompagner un entrepreneur dans cette démarche. D'un côté, un prix trop bas peut nuire à la rentabilité et à l'image perçue du produit. De l'autre, un prix trop élevé peut freiner les ventes, même si le produit est de qualité. Vous êtes là pour aider l'entrepreneur à naviguer entre ces écueils, à s'appuyer sur des outils d'analyse et à formuler une stratégie qui renforce la compétitivité tout en optimisant les marges.

Pourquoi une stratégie prix bien pensée est indispensable ?

- **Assurer la rentabilité et la pérennité**

Vous expliquez à l'entrepreneur qu'un prix bien défini doit permettre de couvrir l'ensemble des coûts directs et indirects, tout en générant une marge suffisante pour assurer la viabilité de l'entreprise. Une tarification inadéquate peut mettre en péril la santé financière, même si les volumes de ventes sont élevés.

- **Renforcer le positionnement et l'image de marque**

Vous accompagnez l'entrepreneur à définir un tarif en cohérence avec le positionnement de son offre. Un prix premium, par exemple, traduit un produit haut de gamme, tandis qu'un prix bas peut cibler des marchés plus sensibles au coût. Vous veillez à ce que la stratégie tarifaire renforce le message véhiculé par l'entreprise.

- **S'adapter à la concurrence et au marché**

Vous guidez l'entrepreneur dans l'analyse de ses concurrents et de son marché. Ensemble, vous identifiez les opportunités pour se démarquer, que ce soit par une différenciation forte ou un alignement stratégique adapté. L'objectif est d'aider l'entrepreneur à prendre des décisions tarifaires éclairées, basées sur des données concrètes. Par exemple, si l'entrepreneur est dirigeant d'une TPE, vous l'aidez à comprendre que, pour une petite entreprise, une stratégie prix agressive est souvent risquée, car elle nécessite des volumes élevés pour être rentable. À la place, vous l'orientez vers une tarification équilibrée qui valorise sa proposition de valeur et assure des marges suffisantes pour pérenniser son activité.

- **Maximiser les marges tout en restant attractif**

Vous démontrez à l'entrepreneur comment le prix peut devenir un levier pour optimiser ses marges. Vous lui parlez des concepts tels que le prix psychologique ou le prix d'appel pour améliorer l'attractivité de son offre.

Comment fixer le juste prix ?

Fixer un prix ne se résume pas à une intuition ou une estimation rapide. Vous accompagnez l'entrepreneur à suivre un chemin structuré en trois étapes.

Étudier la concurrence

Accompagnez l'entrepreneur dans la comparaison de ses prix avec ceux de ses concurrents directs. Un alignement peut être pertinent dans certains cas, mais aidez-le à identifier la valeur ajoutée spécifique de son offre permettant une différenciation tarifaire.

Évaluer la perception client

- *Le prix psychologique* : guidez l'entrepreneur pour la réalisation de sondages ou tests clients afin qu'il identifie le prix que les consommateurs jugent acceptable. Les questions à poser peuvent être les suivantes.

- À partir de quel prix considérez-vous que ce produit est de mauvaise qualité ?
- À partir de quel prix trouvez-vous ce produit trop cher ?

- *La valeur perçue* : insistez sur le fait que c'est un facteur essentiel. Aidez-le à mettre en place les actions marketing permettant d'améliorer l'image du produit ou du service et d'appliquer un tarif plus élevé.

Valider la viabilité financière par l'analyse des coûts

- *Le coût de revient* : aidez l'entrepreneur à calculer le coût total de production ou de réalisation de ses services. Ce calcul inclut les coûts directs (matières premières, main-d'œuvre) et indirects (marketing, logistique).
- *La marge ciblée* : expliquez l'importance de définir une marge réaliste pour garantir une rentabilité suffisante. Ce seuil constitue une base en dessous de laquelle il ne devrait pas vendre.

Les outils pour élaborer une stratégie de prix performante

- *Le tableau des coûts et marges.* Collaborez avec l'entrepreneur pour détailler ses coûts directs et indirects dans un tableau précis. Ce document servira de base pour calculer le coût de revient et déterminer les marges nécessaires.
- *L'analyse concurrentielle.* Encouragez l'entrepreneur à réaliser un benchmark structuré pour analyser les prix pratiqués par les concurrents. Cette étude lui permettra d'identifier des écarts et de formuler des recommandations adaptées au positionnement stratégique de l'entreprise.
- *La matrice prix/positionnement.* Coconstruisez une matrice avec l'entrepreneur pour croiser le positionnement de son offre (entrée de gamme, milieu de gamme, haut de gamme) avec les prix du marché. Cet outil visuel facilite la prise de décision tarifaire.

Par ailleurs, n'oubliez pas qu'il peut être pertinent d'avoir un prix de lancement pour attirer la clientèle. Dans ce cas, mentionnez également le vrai prix pour éviter des discussions futures ou laisser à penser que le produit n'est pas assez bon (dimension du prix psychologique).

CAS PRATIQUE

Paul, créateur d'une marque de vêtements streetwear

Paul, un entrepreneur spécialisé dans la mode streetwear, fait face à une stagnation de ses ventes malgré une offre de qualité. Il se demande si ses prix, fixés initialement de manière intuitive, ne limitent pas son développement. Il sollicite son conseiller pour un accompagnement stratégique sur la tarification.
Avec son conseiller, Paul procède à une analyse approfondie :

- *le coût de revient* : son prix actuel couvre à peine les coûts directs, laissant peu de marge pour investir ;
- *l'étude concurrentielle* : ses tarifs sont inférieurs à ceux des concurrents, fragilisant son positionnement premium ;
- *la perception client* : une enquête révèle que ses clients perçoivent ses produits comme de haute qualité et sont prêts à acheter le produit à un prix légèrement supérieur.

Ensemble, Paul et son conseiller établissent un plan en trois étapes :

- une hausse de 20 % est décidée pour refléter la qualité et couvrir les marges nécessaires ;
- Paul introduit un produit plus accessible pour attirer une clientèle plus large, tout en maintenant des marges ;
- son conseiller l'aide à définir une stratégie de communication axée sur la durabilité et la qualité, justifiant le nouveau positionnement tarifaire.

En six mois, Paul constate une augmentation de 25 % de son chiffre d'affaires, une meilleure marge permettant de financer de nouvelles collections, une fidélisation de ses clients grâce à un positionnement clair et cohérent.

Conclusion : faire du prix un levier stratégique

Élaborer une stratégie de prix est central dans le développement et la stabilité d'une entreprise. En guidant l'entrepreneur avec des outils précis, des analyses rigoureuses et un accompagnement personnalisé, vous l'aidez à dépasser ses intuitions pour prendre des décisions tarifaires éclairées. Fixer le juste prix, c'est faire de la tarification un levier stratégique au service de la compétitivité et de la rentabilité.

Les erreurs fréquentes dans la phase intermédiaire

La phase intermédiaire est une étape critique où l'idée entrepreneuriale est déjà structurée, mais pas encore totalement prête au lancement. Le porteur de projet est souvent enthousiaste, confiant dans sa vision, mais c'est aussi le moment où des failles cachées peuvent freiner le développement futur. En tant que conseiller, votre rôle est de le guider pour identifier ces erreurs et les corriger avant qu'elles ne se transforment en obstacles insurmontables. Voici les erreurs les plus fréquentes que j'ai pu observer à cette étape et des recommandations concrètes pour les éviter.

Erreur 1 : ne pas avoir de plan d'action concret

▬ Pourquoi cela pose problème ?

À cette phase, le porteur de projet a souvent une vision claire et inspirante de son concept, mais cette vision reste trop générale. Il pense parfois que cette clarté suffit à guider ses actions, sans prendre le temps de découper le projet en étapes précises et réalisables. Résultat : des actions désordonnées, un manque de priorités et un sentiment d'éparpillement.

▬ Comment aider vos porteurs de projet ?

Introduisez des outils de structuration comme des objectifs SMART pour transformer une vision en objectifs spécifiques, mesurables, atteignables, réalistes et temporellement définis. Par exemple :

- vision globale : « Je veux devenir une référence en produits de bien-être » ;

- plan d'action concret : « Acquérir cent nouveaux clients via une campagne Instagram en trois mois. »

En complément, proposez la matrice d'Eisenhower pour distinguer les tâches urgentes et importantes des distractions secondaires. Une feuille de route claire permet de structurer les actions sans perdre de vue les priorités essentielles.

Erreur 2 : négliger la concurrence et le positionnement

▬ Pourquoi cela pose problème ?

Certains porteurs de projet pensent que leur produit est unique et sous-estiment l'importance d'analyser la concurrence. Ils peuvent se retrouver avec une offre similaire à d'autres sans différenciation claire. Cela rend leur proposition moins attractive pour les clients potentiels.

▬ Comment aider vos porteurs de projet ?

Amenez-les à réaliser une analyse concurrentielle approfondie. Utilisez des outils comme la matrice SWOT pour identifier les forces, faiblesses, opportunités et menaces par rapport à la concurrence. Ensuite, aidez-les à clarifier leur proposition de valeur unique en leur demandant : « En quoi votre produit résout-il le problème du client mieux que les autres ? » Ils pourront vous répondre, par exemple : « Nos cosmétiques bios sont les seules du marché à utiliser des ingrédients 100 % locaux et cultivés en permaculture. »

Erreur 3 : vouloir s'adresser à tout le monde

▬ Pourquoi cela pose problème ?

La peur de se fermer des opportunités pousse souvent le porteur de projet à viser un public trop large. Résultat ? Une communication vague et une offre qui ne parle à personne.

▬ Comment aider vos porteurs de projet ?

Travaillez avec eux sur la définition de personas précis. Une fois les personas établis, sélectionnez les canaux de communication les plus adaptés pour chacun et élaborez des messages ciblés. Cela permet une communication plus percutante et une stratégie marketing optimisée.

Erreur 4 : sous-estimer le besoin de financement

■ Pourquoi cela pose problème ?

Certains porteurs de projet élaborent des plans financiers trop optimistes ou incomplets. Ils sous-estiment les coûts réels de production, de distribution ou de communication. Cela peut entraîner des blocages financiers en pleine phase de lancement.

■ Comment aider vos porteurs de projet ?

Introduisez des outils simples comme le tableau de trésorerie prévisionnelle (voir annexes) pour visualiser les entrées et sorties d'argent sur plusieurs mois. Encouragez-les à prévoir une marge de sécurité pour les imprévus (environ 15 à 20 % des coûts totaux). Par exemple, vous pourriez leur dire : « Préparez un plan financier sur un an, incluant toutes les dépenses possibles et trois scénarios : optimiste, réaliste et pessimiste. »

Erreur 5 : lancer l'offre sans test préalable

■ Pourquoi cela pose problème ?

Nombreux sont les entrepreneurs qui pensent que leur offre est prête sans avoir recueilli de retours concrets. Cela peut mener à un lancement raté si le produit ne correspond pas vraiment aux attentes du marché.

■ Comment aider vos porteurs de projet ?

Encouragez-les à créer un produit minimum viable (MVP) pour tester l'offre rapidement et à moindre coût. Le MVP permet d'obtenir des feedbacks réels sans investir massivement. Proposez ainsi des actions concrètes comme l'organisation de focus groups avec des clients potentiels, des ventes éphémères via des pop-up stores, ou encore des sondages en ligne avec des prototypes.

Partie 5

LA PHASE DE DÉVELOPPEMENT

Comprendre la phase de développement

Bienvenue dans la phase où l'entrepreneur, déjà en activité, cherche désormais à franchir un nouveau palier. Ici, l'enjeu dépasse le simple lancement ou la structuration de base ; il s'agit d'assurer une croissance maîtrisée et durable. Cette étape est souvent jalonnée de défis stratégiques et opérationnels, où chaque choix peut orienter l'entreprise vers une expansion fructueuse ou une stagnation inquiétante. L'entrepreneur doit alors affiner sa stratégie commerciale, diversifier ses canaux d'acquisition, optimiser son organisation et apprendre à déléguer intelligemment. Votre rôle, en tant que conseiller, est d'accompagner cette évolution avec méthode et discernement.

À ce stade, les obstacles rencontrés ne sont pas toujours évidents : une stratégie commerciale figée, une organisation inefficace, une offre trop complexe ou encore une réticence à confier des tâches. Certains entrepreneurs peinent à identifier ces freins et continuent de reproduire des schémas qui limitent leur progression. D'autres, au contraire, multiplient les actions sans stratégie claire, diluant leurs efforts au détriment de leur efficacité. C'est à vous de leur apporter un regard extérieur, de diagnostiquer ces blocages et de proposer des solutions adaptées à leur réalité.

Quels sont les enjeux pour le conseiller ?

Détecter les freins invisibles à la croissance

L'un des premiers défis de l'accompagnement dans cette phase est de déceler les freins qui limitent le développement de l'entreprise. Ces blocages peuvent être subtils : une offre mal positionnée, une stratégie de vente trop dépendante d'un seul canal ou une organisation interne défaillante. Tout au long de l'accompagnement, vous devez avoir en tête le diagnostic précis de la stratégie commerciale et de l'organisation actuelle. En posant des questions ciblées et en utilisant des outils d'analyse, vous pouvez identifier les points d'amélioration et orienter l'entrepreneur vers des actions concrètes.

Apaiser les peurs et renforcer les compétences commerciales

Beaucoup d'entrepreneurs, bien que compétents dans leur domaine, manquent d'aisance dans la vente. La peur de prospecter ou de se mettre en avant peut freiner considérablement la croissance. Votre rôle est de les rassurer, de leur montrer que la vente est une compétence qui s'apprend et que chaque démarche commerciale peut être structurée et simplifiée. Vous pouvez les orienter vers des formations adaptées ou les aider à perfectionner leur pitch pour différentes situations : investisseurs, clients ou partenaires. L'objectif est de renforcer leur confiance en eux et de les outiller pour réussir leurs démarches commerciales.

Encourager la structuration et la diversification de la stratégie de communication

Une stratégie de communication efficace repose sur la diversification. Dépendre d'un seul canal de vente, même performant, expose à des risques en cas de défaillance. En tant que conseiller, vous devez présenter une palette de canaux de communication, à la fois en ligne (réseaux sociaux, site web, publicités digitales) et hors ligne (prospection terrain, salons professionnels, partenariats). La diversification permet non seulement d'atteindre un public plus large, mais aussi de rendre l'activité plus résiliente face aux imprévus.

Accompagner vers une organisation optimale

L'organisation interne est souvent le talon d'Achille des entrepreneurs en phase de développement. Certains refusent de déléguer, pensant pouvoir tout gérer seuls. D'autres s'éparpillent dans des tâches sans valeur ajoutée, au détriment de leur stratégie. En tant que conseiller, votre mission est de les aider à prioriser leurs actions, grâce à des outils comme la matrice d'Eisenhower, et à identifier les tâches à déléguer pour se concentrer sur leurs compétences clés.

Les clés d'un accompagnement réussi

Un diagnostic complet pour poser les bonnes bases

Avant de proposer des solutions, il est indispensable de réaliser, si ce n'est déjà fait, un diagnostic complet de l'activité. Cela inclut l'analyse des canaux de vente, de l'offre, du positionnement et de l'organisation interne. Un diagnostic précis permet d'identifier les leviers d'amélioration et de construire un plan d'action concret. Intégrer des solutions modernes, comme celles offertes par l'intelligence artificielle, peut accélérer ce processus et offrir des perspectives d'optimisation inédites.

Faciliter le passage à l'action avec des étapes claires

Une fois le diagnostic réalisé, transformez l'accompagnement en actions concrètes avec des objectifs SMART. Cependant, gardez à l'esprit que la majorité des entrepreneurs sont souvent surbookés. Chaque nouvelle mission qu'ils entreprennent nécessite d'en abandonner une autre auparavant. Toute la difficulté réside donc dans l'identification des tâches à mettre de côté pour libérer du temps. Des objectifs clairs et réalisables, alliés à une gestion réfléchie des priorités, assurent une progression structurée sans submerger l'entrepreneur.

Valoriser les succès pour maintenir la motivation

La phase de développement peut être exigeante et parfois décourageante. Valoriser chaque succès, même minime, est important pour maintenir la motivation. Célébrez ainsi les progrès réalisés : une nouvelle stratégie de vente qui fonctionne, un pitch réussi, une tâche déléguée avec succès. Cela renforce la confiance de l'entrepreneur et l'encourage à poursuivre ses efforts.

Introduire des outils adaptés pour simplifier le quotidien

L'accompagnement doit aussi inclure des outils pratiques pour faciliter la gestion quotidienne. Proposez des solutions simples et efficaces comme des tableaux de bord de suivi des ventes pour visualiser les performances des différents canaux, des calendriers de contenu pour organiser les actions de communication et de prospection, un outil simple de suivi de trésorerie, ou encore des outils de gestion du temps, avec des techniques comme le Pomodoro pour rester concentré et productif. Ces outils permettent de structurer le travail et d'améliorer l'efficacité sans ajouter de complexité.

Une progression maîtrisée pour une croissance durable

Accompagner un entrepreneur dans sa phase de développement signifie l'aider à structurer sa croissance tout en préservant sa vision et son enthousiasme. En identifiant les freins, en proposant des solutions concrètes et en facilitant le passage à l'action, vous jouez un rôle déterminant pour assurer la pérennité de son activité. Chaque étape franchie avec succès renforce l'entreprise et prépare le terrain pour de nouvelles opportunités. Votre accompagnement, à la fois méthodique et bienveillant, donne à l'entrepreneur les clés pour évoluer avec confiance et sérénité.

« J'aimerais développer l'activité de mon entreprise »

Identifier les freins au développement

De nombreux entrepreneurs sont confrontés à une stagnation de leur activité malgré leurs efforts. La croissance se bloque parfois en raison de stratégies inadéquates, mais il existe une multitude de facteurs comme un ciblage imprécis, une offre mal positionnée ou une dépendance excessive à un seul canal d'acquisition. En tant que conseiller, il est nécessaire de poser un diagnostic complet pour identifier ces blocages et proposer des ajustements qui permettront d'initier la croissance.

Pourquoi l'activité peut-elle stagner ?

Lorsque l'activité stagne, il est important d'analyser les causes potentielles avec une approche structurée. Un ciblage trop large peut diluer le message et diminuer l'impact des actions commerciales. À l'inverse, un ciblage trop restreint limite les opportunités de vente. Un autre facteur courant est la dépendance à un canal d'acquisition unique, comme les réseaux sociaux ou une plateforme de vente en ligne.

De plus, une offre mal positionnée peut freiner l'engagement des clients. Si le produit ou service proposé ne se différencie pas suffisamment de la concurrence ou ne répond pas précisément aux besoins du marché, il est difficile d'assurer une croissance régulière. Enfin, l'absence de stratégie commerciale claire et d'objectifs précis conduit à une dispersion des efforts et à un manque d'efficacité.

Transformer le diagnostic en plan d'action

Pour résoudre cette stagnation, un diagnostic commercial complet reposant sur une évaluation approfondie de plusieurs axes doit être envisagé. Pour cela, suivez une approche structurée en examinant les points suivants.

1. *Positionnement de l'offre* : le produit ou service répond-il à une problématique clairement définie ? Le public cible est-il précisément identifié ? Quels sont les éléments de différenciation par rapport à la concurrence ?
2. *Analyse des canaux d'acquisition* : quels sont les canaux de vente actuellement utilisés (réseaux sociaux, site web, marchés locaux, etc.) ? Quels sont les canaux les plus performants en termes de ventes et de coût d'acquisition client ? Quelles alternatives ou compléments peuvent être envisagés (partenariats locaux, salons professionnels, marketplaces) ?
3. *Diversification des canaux* : si l'activité dépend fortement d'un seul canal, explorez des options complémentaires pour réduire les risques. Par exemple : intégrer un canal de vente en ligne, établir des partenariats avec des commerçants locaux ou participer à des événements professionnels.
4. *Évaluation des objectifs commerciaux* : les objectifs sont-ils spécifiques, mesurables et réalistes ? Les ambitions de l'entrepreneur sont-elles alignées avec la stratégie mise en place ? Quelles étapes concrètes doivent être franchies pour atteindre ces objectifs ?

En structurant le diagnostic de cette manière, vous offrez au porteur de projet une vision claire des ajustements nécessaires et des opportunités à saisir pour optimiser sa stratégie commerciale.

Réaliser un audit des canaux d'acquisition

Pour identifier les opportunités de croissance, proposez à l'entrepreneur de faire un audit de ses canaux de vente actuels. Cela consiste à lister l'ensemble des canaux utilisés, qu'ils soient physiques (boutiques, marchés, salons) ou digitaux (site web, réseaux sociaux, marketplaces). Pour chaque canal, analysez les résultats obtenus en termes de ventes et de coût d'acquisition client.
À la suite de cette analyse, déterminez ensemble les canaux à optimiser ou à explorer. Par exemple, si le site e-commerce génère peu de ventes, peut-être est-il temps d'améliorer le référencement naturel ou de lancer une campagne publicitaire ciblée. En procédant ainsi, l'entrepreneur obtient une vue claire des actions à mener pour diversifier ses sources de clients.

Attention toutefois : un diagnostic efficace ne doit pas rester théorique. Il doit se traduire en actions concrètes pour éviter que l'entrepreneur se sente dépassé. Pour cela, définissez des objectifs clairs et réalistes. Par exemple, si le diagnostic révèle une dépendance excessive aux réseaux sociaux, l'objectif pourrait être : « D'ici trois mois, intégrer un nouveau canal de vente en ligne et mesurer les résultats obtenus. » De même, si le ciblage est trop large, proposez à l'entrepreneur de préciser son audience et de tester une campagne marketing ciblée. Chaque action doit être réalisable dans un délai défini, ce qui permet de progresser par étapes sans s'éparpiller.

CAS PRATIQUE

Fatou, gérante d'un gîte

Fatou a ouvert son gîte il y a trois ans dans une région touristique prisée. Malgré des retours positifs de ses premiers clients, son activité stagne, avec une faible croissance des réservations hors saison. Un diagnostic révèle plusieurs freins : une visibilité limitée en ligne, une communication peu ciblée et une offre qui manque de différenciation par rapport à d'autres gîtes de la région. Pour dynamiser son activité, l'accompagnement proposé s'organise autour de trois axes.

↓

Améliorer sa visibilité en ligne

Fatou commence par se référencer sur des plateformes spécialisées telles qu'Airbnb, Abritel et Gîtes de France, ainsi que dans l'Office de tourisme local. Ces canaux, qui ne nécessitent pas d'investissement initial pour la création, permettent de toucher rapidement une clientèle ciblée. Elle optimise ses profils en publiant des photos professionnelles, en rédigeant des descriptions engageantes et en ajustant ses prix en fonction des saisons pour maximiser les réservations.

En parallèle, Fatou crée une fiche Google My Business pour apparaître dans les résultats de recherche locaux et sur Google Maps, renforçant ainsi sa visibilité auprès des clients à proximité. Une fois ces actions bien rodées, elle envisagera de créer un site web dédié pour renforcer son image de marque et centraliser les informations, tout en s'assurant de sa capacité à référencer efficacement ce site.

Diversifier son offre pour se démarquer

Pour se différencier, Fatou développe une offre « expérience » en partenariat avec des producteurs locaux, proposant des séjours thématiques comme « week-end gastronomique » ou « initiation à la poterie. » Elle propose également des services complémentaires comme un panier de produits régionaux à l'arrivée et des ateliers pour enfants.

Optimiser sa communication

Enfin, Fatou lance une stratégie sur Instagram et Facebook, avec des contenus visuels mettant en valeur les atouts du gîte (coucher de soleil, activités locales, témoignages de clients). Elle crée également une newsletter trimestrielle pour fidéliser ses anciens clients et leur proposer des offres exclusives, comme des réductions pour les séjours en basse saison.

Grâce à ces actions, Fatou augmente son taux de réservation de 30 % en six mois, attire une clientèle plus diversifiée et renforce la notoriété de son gîte dans la région. Elle parvient ainsi à transformer son activité saisonnière en une entreprise rentable tout au long de l'année.

Conclusion : relancer la croissance par des ajustements ciblés

Identifier les freins commerciaux est une étape déterminante pour surmonter une période de stagnation. En tant que conseiller, votre rôle est d'apporter une analyse claire et des recommandations pratiques pour permettre à l'entrepreneur de trouver une dynamique de croissance. Un diagnostic structuré, suivi d'un plan d'action précis, offre au porteur de projet les outils nécessaires pour diversifier ses stratégies et relancer son activité avec confiance.

« J'ai peur de vendre »

Surmonter le blocage de la vente

De nombreux entrepreneurs sont confrontés à une réelle difficulté lorsqu'il s'agit de vendre leurs produits ou services. Cette peur de vendre limite leur capacité à prospecter et à développer leur activité, et cela peut freiner une croissance qui semblait pourtant prometteuse. En tant que conseiller, votre rôle est de proposer des solutions adaptées et d'aider le porteur de projet à dépasser ces blocages, sans le transformer en commercial aguerri.

Pourquoi vendre peut bloquer certains entrepreneurs ?

La peur de vendre prend racine dans plusieurs facteurs : le syndrome de l'imposteur, la crainte du rejet ou une idée négative de la vente elle-même (voir partie 3). Bien des entrepreneurs associent la vente à une pratique agressive et peu authentique (alors qu'il n'est pas nécessaire d'avoir les chaussures bien cirées et un sourire Colgate pour vendre !). D'autres doutent de leur légitimité ou craignent d'être perçus comme insistants. Cette appréhension peut entraîner une inactivité commerciale : ils évitent la prospection ou n'osent pas présenter leur offre avec conviction.

En identifiant ces freins spécifiques, vous pouvez mieux orienter le porteur de projet et lui proposer des outils concrets pour dépasser cette phase délicate.

Adopter des pratiques de ventes simples

Votre mission principale est d'aider l'entrepreneur à adopter des pratiques de vente simples et accessibles. Voici quelques axes sur lesquels vous pouvez vous appuyer.

- **Orienter vers une formation adaptée**

Le conseiller n'a pas à être un expert en vente, mais il doit connaître les acteurs de l'accompagnement entrepreneurial. Orientez l'entrepreneur vers des formations spécifiques à la prospection, au suivi client ou à la négociation. Ces programmes offrent des outils pratiques, aident à démythifier le processus de vente et à développer ses compétences.

- **Travailler le pitch pour structurer le discours**

Le pitch est souvent le point d'entrée le plus simple pour aborder la vente. En aidant l'entrepreneur à structurer son pitch, vous lui permettez de clarifier son message et de gagner en assurance.

- **Proposer des scripts pour faciliter la prospection**

Préparer des phrases types pour les différentes étapes de la vente peut enfin aider à réduire le stress. Des scripts de prospection, de relance ou de conclusion permettent à l'entrepreneur d'aborder la vente avec une structure claire, sans se sentir pris au dépourvu.

Entraîner son porteur à pitcher son projet

Un bon pitch, c'est l'art de captiver, convaincre et surtout… d'être mémorable. Pour vos porteurs de projet, savoir pitcher est une compétence indispensable et, en tant que conseiller, vous devez être à même de les guider à chaque étape de cette préparation.

1. La recette d'un pitch réussi

Un pitch, c'est un équilibre délicat entre contenu, structure et attitude. Le triptyque gagnant ? Accroche, *tagline* et CTA (*Call to Action* ou bouton d'appel à l'action en français).

- *Accroche* : la première phrase doit frapper fort, marquer les esprits. Elle peut notamment présenter le problème avec une phrase percutante, que le produit/service va résoudre. Par exemple : « Saviez-vous qu'une personne perd en moyenne trente minutes par jour à chercher des informations dans ses mails ? »
- *Tagline* : une phrase concise qui résume le projet. Par exemple : « Nous avons créé Inbox Zero, l'assistant IA pour organiser vos mails en un clin d'œil. »
- *CTA* : une invitation claire. Par exemple : « Inscrivez-vous aujourd'hui pour gagner une heure de productivité par semaine ! »

2. Le bon format de pitch

Votre porteur de projet doit adapter son pitch à différents contextes. En ce sens, sa durée sera de :

- une minute (*elevator pitch*) pour une rencontre rapide ou un événement réseau ;
- trois minutes (salon professionnel) pour capter l'attention lors d'un événement ;
- cinq minutes et plus pour des présentations formelles devant des investisseurs.

3. Les bonnes pratiques pour le pitch

Rappelez ainsi à votre porteur quelques principes de base pour son pitch :

- clarté et simplicité : éviter les termes techniques ;
- posture et voix : droit, calme, souriant, avec un rythme maîtrisé ;
- concision : chaque mot compte et chaque phrase doit avancer le propos.

Entraînez-le à répéter son pitch jusqu'à ce qu'il soit fluide et naturel. En l'accompagnant avec bienveillance, vous l'aiderez à donner de l'impact à son idée initiale.

CAS PRATIQUE

Fatima, créatrice de produits cosmétiques bios

Fatima a lancé sa gamme de cosmétiques bios il y a un an. Malgré la qualité de ses produits, ses ventes peinent à décoller. Lors des entretiens, elle admet se sentir mal à l'aise lorsqu'il s'agit de parler de ses produits et de convaincre des clients. La peur de déranger et le doute sur sa légitimité bloquent sa prospection. Après une analyse de sa situation, plusieurs actions sont mises en place :

- *formation en argumentaire de vente/négociation* : Fatima suit une formation sur les techniques de vente et la gestion des objections ;
- *structuration du pitch* : avec son conseiller, ils élaborent un pitch clair et concis qui met en avant les valeurs de sa marque (respect de l'environnement et santé des consommateurs) ;
- *simulations de vente* : enfin, ils organisent des mises en situation pour l'aider à s'exercer. Elle apprend à répondre calmement aux objections courantes et à présenter ses produits avec plus d'assurance.

Grâce à ces actions, Fatima réussit à approcher des boutiques bios locales pour proposer ses produits en dépôt-vente. En trois mois, ses ventes augmentent de 20 % et elle se sent plus à l'aise dans ses démarches commerciales.

Conclusion : relancer la dynamique de vente

Surmonter la peur de la vente ainsi que ses préjugés demande du temps et de l'accompagnement. En tant que conseiller, votre rôle est d'identifier les blocages spécifiques et d'orienter le porteur de projet vers des solutions adaptées. En travaillant le pitch, en proposant des scripts simples et en encourageant la formation, vous donnez aux entrepreneurs les outils nécessaires pour aborder la vente avec plus de confiance. La vente, loin d'être une contrainte, devient alors une opportunité de partager leur passion et de développer leur activité de manière pérenne.

« Je ne diversifie pas assez mes canaux de communication »

Structurer une stratégie de communication

S'appuyer sur une stratégie de communication basée sur un unique canal, c'est comme naviguer en pleine mer avec une seule rame. C'est un fait : la diversification est la clé pour atteindre de nouveaux horizons, limiter les risques et assurer une croissance stable. En tant que conseiller, votre rôle est d'éclairer l'entrepreneur sur les multiples possibilités d'acquisition et de l'aider à structurer une stratégie multicanale adaptée à ses ressources.

Pourquoi diversifier sa communication ?

Une activité qui repose exclusivement sur un canal – que ce soient les réseaux sociaux, un site e-commerce ou le bouche-à-oreille – court un risque énorme en cas de défaillance. Imaginons que l'algorithme d'un réseau social change ou qu'une plateforme augmente ses frais : les ventes s'effondrent. Diversifier ses canaux de communication permet alors non seulement de sécuriser l'activité, mais aussi d'élargir sa clientèle en touchant des segments différents.

Chaque méthode de communication présente ainsi ses avantages : un site web professionnel renforce la crédibilité sur le long terme, tandis que des flyers ou des salons professionnels favorisent le contact direct. Mélanger les approches permet de combiner ces atouts et de déployer une communication plus robuste.

Maîtriser la communication

Pour aider le porteur à structurer sa stratégie de communication, adoptez une démarche structurée en abordant quatre étapes majeures.

Connaître le panorama des canaux de communication

Présentez au porteur une palette variée de canaux, en distinguant les approches *offline* et *online* :

- les canaux *offline* : la prospection directe (rendez-vous professionnels, salons, foires commerciales), les partenariats locaux (collaborations avec des commerçants ou prestataires complémentaires), les flyers, les brochures et les cartes de visite (supports tangibles pour laisser une empreinte durable) ;
- les canaux *online* : les réseaux sociaux (Facebook, Instagram, LinkedIn, TikTok – chaque plateforme attire une cible spécifique), le site web vitrine ou e-commerce (pour asseoir sa crédibilité), l'e-mailing (campagnes ciblées pour fidéliser et convertir des prospects), les publicités en ligne (Google Ads, Facebook Ads, etc.)

Construire une stratégie multicanale

Aidez ensuite l'entrepreneur à élaborer une stratégie de communication équilibrée en fonction de ses objectifs, de ses ressources et de sa cible. Chaque canal doit être choisi pour sa pertinence et son potentiel de retour sur investissement. Voici un exemple d'objectif : « Augmenter ma visibilité locale en combinant une présence sur Facebook et des partenariats avec des commerçants du quartier. »

Attention toutefois : la diversification ne signifie pas tout essayer en même temps. Proposez d'intégrer progressivement de nouveaux canaux et d'évaluer leur efficacité avant d'aller plus loin.

Utiliser la matrice « go/no go »

Pour éviter de se disperser, proposez au porteur de projet d'utiliser la matrice « go/no go » pour évaluer chaque canal potentiel. Cet outil permet de peser les avantages et inconvénients de chaque option avant de prendre une décision. Les questions à poser à l'entrepreneur sont alors les suivantes.

- Ce canal vous permet-il de toucher votre cible ?
- Avez-vous les ressources pour l'exploiter efficacement ?
- Le retour sur investissement est-il envisageable ?

Si les critères sont remplis, c'est un « go ». Sinon, mieux vaut chercher une autre piste.

Cette matrice est disponible en scannant le QR Code ci-contre:

http://dunod.link/creactifs11

Booster les acquisitions via le mail marketing

Le mail marketing est un levier stratégique pour diversifier les canaux de communication et d'acquisition, et fidéliser la clientèle d'un entrepreneur. Contrairement aux réseaux sociaux, il permet une communication directe et personnalisée avec ses prospects et clients. Cependant, pour réussir, la qualité de la liste de diffusion doit être optimale : il faut privilégier une base d'abonnés obtenue de manière consentie (inscriptions via site web, événements, etc.) pour garantir un public qualifié.

La segmentation de cette liste en différents profils permet d'envoyer des messages adaptés aux besoins de chaque catégorie. L'entrepreneur doit alors proposer du contenu varié comme des newsletters informatives, des offres exclusives, des témoignages clients ou des conseils pratiques. Chaque mail doit comporter un objet accrocheur pour encourager l'ouverture et une mise en page claire avec un appel à l'action (CTA) visible.

Pour maximiser l'efficacité, l'entrepreneur doit également mesurer régulièrement les performances : taux d'ouverture, taux de clics et taux de désabonnement.

Ces données offrent des pistes d'amélioration pour ajuster le contenu et la fréquence des envois. Intégré à une stratégie multicanale, le mail marketing renforce la notoriété, stimule les ventes et maintient un lien solide avec les clients.

CAS PRATIQUE

Thomas, photographe freelance

Thomas, photographe spécialisé en portraits, dépend exclusivement d'Instagram pour trouver des clients. Au fil du temps, l'algorithme a changé, réduisant drastiquement sa visibilité et ses demandes de shooting. Après un diagnostic, vous identifiez plusieurs freins : une absence de site web professionnel, aucune prospection directe et un manque de collaborations locales. Voici la stratégie multicanale que vous pouvez lui proposer.

- *Mise en relation sur des plateformes spécialisées* : au lieu de créer immédiatement un site web, Thomas doit se tourner vers des plateformes de mise en relation pour photographes qui permettent de toucher directement des clients à la recherche de prestations.
- *Relance des anciens clients* : Thomas doit recontacter ses anciens clients pour leur proposer de nouveaux services et les encourager à le recommander auprès de leurs proches ou de réseaux professionnels.
- *Extension de sa présence sur LinkedIn* : Thomas doit utiliser LinkedIn pour publier des exemples de ses travaux, notamment des portraits corporate, afin de toucher une clientèle d'entreprises et de professionnels.
- *Collaborations avec des marques locales* : plutôt que de s'adresser directement aux boutiques, il doit se rapprocher de marques locales ou de créateurs qui pourraient avoir besoin de contenu visuel pour promouvoir leurs collections.
- *Stratégie de prospection ciblée* : il doit enfin prendre contact avec des agences de mannequins et des écoles d'art pour proposer ses services de manière proactive.

Avec ces premières actions, Thomas pourra rapidement relancer son activité sans nécessiter un investissement important en communication, tout en diversifiant ses sources de revenus et en explorant de nouveaux segments de clientèle.

Conclusion : sécuriser et dynamiser l'activité grâce à la diversification

Je vous le rappelle : diversifier ses canaux de communication, c'est bâtir une stratégie pérenne et ouverte à de nouvelles opportunités. En accompagnant le porteur de projet dans ce processus, vous l'aidez à sécuriser son activité et à toucher un public plus large. Avec une stratégie multicanale réfléchie et une prise de décision éclairée grâce à la matrice « go/no go », l'entrepreneur pourra naviguer sereinement vers une croissance durable et maîtrisée.

« Je peux tout gérer seul ! »

Gérer un entrepreneur qui ne parvient pas à déléguer

La tentation de vouloir tout contrôler est forte chez de nombreux entrepreneurs déjà en activité. Après tout, leur entreprise est souvent le fruit de leur passion et de leur acharnement. Mais croire que l'on peut tout gérer seul est un piège. Ce refus de déléguer peut mener à l'épuisement, à une inefficacité croissante et, finalement, freiner la croissance de l'entreprise. En tant que conseiller, il est de votre responsabilité de leur montrer qu'apprendre à lâcher prise est une force, pas une faiblesse.

À noter que nous parlons, bien évidemment, du cas de figure où l'entrepreneur a les moyens de déléguer.

Pourquoi refuser de déléguer est un frein ?

Lorsqu'un entrepreneur refuse de déléguer, plusieurs signes apparaissent rapidement : journées interminables, tâches administratives en retard, stagnation du chiffre d'affaires ou baisse de qualité du service rendu. L'entrepreneur se retrouve à éparpiller son énergie sur des missions qui ne relèvent pas de son cœur de métier. La conséquence est souvent une fatigue physique et mentale, une prise de recul impossible et une incapacité à innover ou à saisir de nouvelles opportunités.

De plus, ce besoin de tout contrôler peut affecter l'équipe en place. Les salariés ou prestataires peuvent se sentir démotivés ou inutiles face à un dirigeant qui monopolise les tâches importantes. Résultat : une entreprise moins dynamique et un entrepreneur submergé par une charge mentale excessive.

Provoquer une prise de conscience

Pour aider l'entrepreneur à déléguer, commencez par essayer de provoquer une prise de conscience. Utilisez des outils comme la matrice d'Eisenhower pour classer les tâches en fonction de leur importance et de leur urgence. Posez des questions simples : « Est-ce vraiment à vous de faire cette tâche ? Cette mission pourrait-elle être confiée à quelqu'un d'autre ? »

Encouragez-le à identifier ses compétences clés et à se concentrer dessus. Soulignez que déléguer des tâches administratives, comptables ou logistiques permet de libérer du temps pour des activités stratégiques comme le développement de nouveaux produits, la prospection ou encore le renforcement de la relation client.

Proposez enfin une approche progressive : commencez par des tâches de moindre importance et augmentez graduellement le niveau de responsabilité des délégations. Rappelez-lui que déléguer ne signifie pas perdre le contrôle, mais plutôt responsabiliser les autres pour un meilleur fonctionnement global.

Apprendre l'art de lâcher prise sans perdre le contrôle

Déléguer ne signifie pas renoncer au contrôle, mais le redéfinir intelligemment. Voici quelques principes à communiquer à l'entrepreneur pour maîtriser l'art de lâcher prise tout en gardant le cap.

- *Clarifier les attentes* : pour chaque mission déléguée, détailler les objectifs, les délais et les résultats attendus. Une consigne claire évite les malentendus et facilite le suivi.
- *Fixer des objectifs SMART* : des objectifs spécifiques, mesurables, atteignables, réalistes et temporellement définis aident à maintenir le cap et à évaluer les performances objectivement.
- *Utiliser des outils de suivi* : tableaux de bord, logiciels de gestion de projet (comme Trello ou Asana) et réunions régulières permettent de suivre l'avancement sans micro-gérer.

- *Faire confiance* : il faut laisser aux collaborateurs l'autonomie nécessaire pour accomplir leurs tâches et accepter que leurs méthodes puissent différer des siennes (tant que les résultats sont là !).
- *Adopter le feedback constructif :* plutôt que de reprendre le travail à la moindre erreur, donner des retours précis pour aider à progresser.
- *Pratiquer le lâcher-prise progressif :* commencer par déléguer des tâches simples avant de confier des responsabilités plus importantes.
- *Investir dans la formation* : un collaborateur formé est un atout fiable. Il faut donc prendre le temps de transmettre ses compétences pour renforcer l'autonomie des collaborateurs.

Déléguer, c'est investir dans la pérennité de l'entreprise. Une organisation structurée et partagée garantit la continuité de l'activité, même en l'absence du dirigeant. Lâcher prise, c'est finalement permettre à l'entrepreneur de se consacrer à la stratégie et à l'innovation, pour propulser son entreprise vers de nouveaux sommets.

CAS PRATIQUE

Karim, gérant d'une agence de communication

Karim dirige une agence de communication florissante avec de bons niveaux de marge. Il gère tout : la création des campagnes, les relations clients, l'administration et même la facturation. Résultat : des journées interminables et des délais de livraison qui s'allongent. Après un diagnostic, vous identifiez les tâches qu'il pourrait déléguer à son équipe ou à des prestataires : la gestion des réseaux sociaux à un community manager, les aspects financiers à un comptable et le support client à une assistante.

En utilisant la matrice d'Eisenhower, Karim classe ses tâches et se rend compte qu'il passe trop de temps sur des missions *urgentes mais non importantes*. Progressivement, il délègue ces tâches et peut se concentrer sur le développement stratégique de son agence. En six mois, il retrouve une meilleure qualité de vie et constate une amélioration de la satisfaction client grâce à des délais plus respectés.

Conclusion : déléguer pour libérer le potentiel de l'entreprise

Vouloir tout contrôler peut sembler rassurant, mais c'est souvent le plus grand frein à la croissance d'une entreprise existante. En aidant l'entrepreneur à comprendre que déléguer, c'est aussi faire preuve de leadership, vous lui offrez une chance de se concentrer sur ses forces et ses missions stratégiques. La matrice d'Eisenhower, une communication claire et une confiance progressive dans son équipe sont des leviers puissants pour instaurer une délégation réussie.

Rappelez-vous que l'objectif n'est pas de tout lâcher d'un coup, mais d'alléger le quotidien pour permettre à l'entreprise de se développer avec agilité. Une fois cette étape franchie, l'entrepreneur pourra respirer, innover et conduire son projet vers une croissance durable et épanouissante. Vous êtes là pour l'accompagner dans cette transition, en montrant que déléguer, c'est ouvrir la porte à de nouvelles opportunités.

« Mes clients ont du mal à comprendre mon offre »

Revenir aux fondamentaux

Vouloir en faire trop revient souvent à se tirer une balle dans le pied. De nombreux entrepreneurs pensent qu'une offre complexe prouve leur expertise ou les différencie de la concurrence. Dans la réalité, pourtant, une offre surchargée peut désorienter les clients, ralentir le processus de vente et épuiser les ressources de l'entrepreneur. Votre rôle est d'aider à simplifier cette offre pour en extraire l'essentiel, ce qui résonne vraiment avec le besoin du client.

Pourquoi l'entrepreneur a tendance à complexifier son offre ?

Cette tendance à l'excès vient souvent d'une volonté de bien faire. Les entrepreneurs, dans le souci de plaire à tout le monde ou d'anticiper chaque demande possible, ajoutent des fonctionnalités, des variantes ou des options jusqu'à rendre leur offre indigeste. Cela peut également venir d'un manque de confiance : ils essaient de compenser en multipliant les propositions. Mais souvenez-vous : une offre trop complexe est une offre qui risque de ne pas être comprise. Une offre simplifiée permet de clarifier le message, de mieux répondre aux besoins réels du marché et de concentrer les efforts sur ce qui fonctionne. Simplifier, ce n'est pas perdre de la valeur, c'est la rendre plus évidente.

Monzo, la banque minimaliste

Un excellent exemple de simplification réussie est Monzo, une banque en ligne britannique. À son lancement, Monzo proposait une offre minimaliste, en se concentrant sur un seul produit : une carte bancaire prépayée avec une application mobile intuitive. Alors que les banques traditionnelles accumulaient des services complexes, Monzo a misé sur une expérience utilisateur fluide et des fonctionnalités essentielles :

- un message clair : « la banque simple, transparente et mobile » ;
- une fonctionnalité clé : le suivi en temps réel des dépenses avec des notifications instantanées ;
- un avantage distinctif : une gestion simplifiée et accessible des finances depuis une application mobile.

Grâce à cette approche centrée sur l'essentiel, Monzo a su attirer rapidement une clientèle jeune et technophile. En simplifiant l'offre, elle a rendu le service bancaire plus compréhensible et plus pratique, évitant la confusion et répondant aux besoins réels des utilisateurs.

Comment simplifier une offre ?

1. Appliquer la loi de Pareto pour rationaliser l'offre

Commencez par une analyse financière simple basée sur le principe de Pareto : identifiez les 20 % des produits ou services qui génèrent 80 % du chiffre d'affaires ou des marges. Cette approche permet de déterminer quelles parties de l'offre sont réellement rentables et stratégiques. À partir de cette analyse, explorez les options moins performantes qui génèrent des incompréhensions ou complexifient le travail de l'entrepreneur. Ces éléments peuvent être repensés ou supprimés pour recentrer les efforts sur ce qui apporte le plus de valeur.

2. Se recentrer sur les besoins du client

Commencez par aider l'entrepreneur à revenir à l'essentiel : quels sont les besoins fondamentaux du client ? Une bonne question à poser à l'entrepreneur est : « Quelle est la vraie problématique que vous résolvez pour vos clients ? » En identifiant le besoin principal, il devient plus facile de déterminer si chaque ajout dans l'offre est pertinent ou superflu. Une offre simple et ciblée répond efficacement à une problématique claire.

3. Évaluer les capacités réelles

Il est également nécessaire d'évaluer les ressources de l'entrepreneur. Peut-il réellement gérer et délivrer une offre complexe sur le long terme ? Une offre trop étendue peut entraîner une surcharge de travail, des retards ou une baisse de qualité. Aidez-le à identifier ses forces et à adapter son offre en conséquence pour assurer une prestation maîtrisée et de qualité.

4. Rationaliser l'offre

Simplifier l'offre, c'est souvent choisir entre plusieurs options. Demandez à l'entrepreneur de réfléchir à cette question : « Si vous deviez garder seulement trois éléments clés de votre offre, lesquels seraient-ils ? » Cette méthode aide à dégager le cœur de l'offre, ce qui apporte la plus grande valeur aux clients.

Se recentrer sur les besoins du client

Revenir aux besoins fondamentaux des clients commence par une écoute active. Encouragez l'entrepreneur à mener des entretiens ou sondages avec des questions ouvertes comme « Que vous apporte notre produit ? » ou « Qu'attendez-vous de notre service ? » L'analyse des retours clients existants (avis en ligne, mails, commentaires) permettra d'identifier les attentes insatisfaites et les points de blocage.

Proposez également à l'entrepreneur de définir des personas (si cela n'a pas déjà été fait !) ou de les remettre à jour. Aidez-le à se concentrer sur sa proposition de valeur principale : « Quel bénéfice essentiel offrez-vous ? » Si une fonctionnalité n'apporte pas de valeur claire, elle peut être simplifiée ou supprimée. Enfin, testez une version épurée de l'offre avec un prototype ou MVP et ajustez en fonction des retours pour garantir que l'offre reste centrée sur l'essentiel.

CAS PRATIQUE

Léa, créatrice de box bien-être

Léa a lancé une entreprise de box bien-être personnalisée. Au début, son offre était simple : une box mensuelle avec des produits de relaxation naturels. Mais au fil des mois, elle a ajouté des options : box thématiques, choix des produits, variantes pour différents profils de clients. Résultat : ses clients sont perdus, les délais de livraison augmentent et ses ventes stagnent.

Après un diagnostic approfondi, vous proposez à Léa une approche mêlant simplification et analyse financière. D'abord, vous identifiez, grâce à une analyse des marges et du chiffre d'affaires, les options les moins rentables et les plus chronophages. Cela permet de dégager les éléments à conserver pour maximiser l'efficacité. Ensuite, vous conseillez à Léa de recentrer son offre sur une seule box thématique par mois, soigneusement sélectionnée pour répondre à des besoins spécifiques récurrents identifiés chez sa clientèle cible, tout en alignant son prix et ses coûts pour une rentabilité optimale. Enfin, vous lui proposez de clarifier sa proposition de valeur : « Une box mensuelle pour prendre soin de soi en toute simplicité. » Elle élimine ainsi les options superflues et rationalise le processus de commande, le rendant intuitif et rapide pour ses clients.

En adoptant cette stratégie, Léa voit ses ventes augmenter de 30 % en trois mois. Ses clients comprennent mieux le concept, l'offre gagne en lisibilité et les ajustements financiers permettent d'améliorer la rentabilité globale de l'entreprise.

Conclusion : l'efficacité dans la simplicité

Simplifier une offre, c'est aller droit au but et offrir une solution claire, précise et attractive. En tant que conseiller, vous aidez l'entrepreneur à se débarrasser du superflu pour mettre en lumière ce qui compte vraiment. Une offre simplifiée attire plus facilement les clients, facilite la vente et optimise l'efficacité opérationnelle. En revenant aux fondamentaux, on se donne toutes les chances de réussir.

« Je ne sais pas m'organiser »

Optimiser l'organisation pour débloquer la croissance

Le manque d'organisation est l'un des problèmes les plus courants chez les entrepreneurs. Sans une structure claire, les retards s'accumulent et la croissance s'essouffle. Pour débloquer la situation, il est nécessaire de mettre en place des routines efficaces et des systèmes de gestion du temps adaptés.

Pourquoi une organisation optimale est-elle indispensable ?

Une mauvaise gestion du temps entraîne des journées remplies de tâches secondaires et de distractions. Un entrepreneur mal organisé :

- perd du temps sur des activités peu productives ;
- se sent constamment submergé ;
- oublie des tâches importantes ou les repousse indéfiniment.

Une organisation optimisée permet de concentrer les efforts sur ce qui compte vraiment. Pour y parvenir, il faut identifier les tâches prioritaires, planifier les actions et rester concentré sur des objectifs clairs.

Mettre en place une organisation en trois étapes

▬ **Mettre en place des routines adaptées**

Invitez l'entrepreneur à adopter des routines quotidiennes et hebdomadaires pour structurer son travail. Par exemple, consacrer les matinées aux tâches stratégiques et les après-midis aux tâches administratives. La méthode Pomodoro (25 minutes de travail intensif suivies de 5 minutes de pause) est également efficace pour maintenir la concentration.

▬ **Appliquer la règle des trois tâches**

Pour éviter la surcharge, conseillez à l'entrepreneur de se concentrer sur trois tâches prioritaires par jour. Cette règle simple permet de maintenir le focus sur l'essentiel et d'éliminer le sentiment de dispersion. Une fois ces trois tâches accomplies, toute tâche supplémentaire devient un bonus.

▬ **Fractionner les objectifs en étapes réalisables**

Invitez l'entrepreneur à décomposer les grands objectifs en petites tâches réalisables. Cela évite la surcharge mentale et donne un sentiment d'accomplissement régulier. Recommandez-lui d'utiliser des outils comme la to-do list quotidienne et la matrice d'Eisenhower pour prioriser les tâches importantes et urgentes.

Créer un calendrier d'actions à court terme

Pour optimiser l'organisation, conseillez à l'entrepreneur de réaliser un calendrier d'actions à court terme en suivant ces étapes.

- Définir des objectifs clairs pour la semaine ou le mois. Par exemple : « finaliser la stratégie marketing » ou « contacter dix nouveaux clients ».
- Prioriser les tâches en fonction de leur importance et de leur urgence à l'aide de la matrice d'Eisenhower :
  - *urgent et important* : à réaliser immédiatement ;
  - *important mais non urgent :* à planifier dans le calendrier.

- Appliquer la règle des trois tâches : chaque jour, identifier trois tâches majeures à accomplir pour rester productif sans se sentir submergé.
- Planifier les actions quotidiennes en bloquant des créneaux de temps dédiés aux tâches stratégiques.
- Intégrer des pauses et des moments de relecture pour éviter l'épuisement.
- Évaluer les résultats en fin de semaine et ajuster le calendrier si nécessaire.

CAS PRATIQUE

Émilie, fondatrice d'une boutique en ligne de décoration artisanale

Émilie a lancé sa boutique en ligne de décoration artisanale il y a un an. Malgré des ventes prometteuses au départ, elle se sent rapidement débordée. Chaque journée est une course contre la montre entre le service client, la gestion des commandes, les publications sur les réseaux sociaux et l'approvisionnement. Ses retards s'accumulent et sa motivation s'effrite.

Pour résoudre cette situation, un diagnostic révèle un manque de planification et une absence de priorisation des tâches. Vous lui proposez de mettre en place une routine basée sur la règle des trois tâches prioritaires par jour :

- *matin* : création de contenu pour ses réseaux sociaux ;
- *début d'après-midi* : suivi des commandes et des livraisons ;
- *fin de journée* : service client et gestion des mails.

Vous l'accompagnez dans l'élaboration d'un calendrier hebdomadaire où chaque jour est dédié à une catégorie spécifique de tâches (par exemple, le lundi pour le marketing, le mardi pour les partenariats). En appliquant cette méthode, Émilie retrouve une organisation claire et réduit son stress. Le résultat ? En deux mois, elle augmente ses ventes de 15 % et regagne du temps pour réfléchir à de nouvelles stratégies de développement.

Conclusion : structurer pour libérer le potentiel

Une bonne organisation est la base d'une croissance solide. En accompagnant l'entrepreneur vers une meilleure gestion du temps, vous lui permettez de retrouver de l'efficacité et de se concentrer sur l'essentiel. Avec des routines adaptées, la règle des trois tâches, une priorisation claire et un calendrier d'actions réaliste, l'entrepreneur pourra enfin avancer sereinement vers ses objectifs.

« Je veux changer de statut juridique »

Changer de statut juridique pour un choix stratégique

La croissance d'une entreprise peut amener un entrepreneur à repenser son statut juridique : cela peut être pour optimiser la fiscalité, répondre à des exigences professionnelles, s'adapter à des évolutions personnelles, etc. Toutefois, ce changement doit être réfléchi et s'appuyer sur une analyse fine de la situation. En tant que conseiller, votre rôle est d'apporter un éclairage sur les enjeux de ce choix, tout en orientant l'entrepreneur vers des ressources adaptées.

Pourquoi envisager un changement de statut ?

Un entrepreneur qui souhaite changer de statut juridique est forcément motivé par un changement ou une évolution de la situation. Cela peut-être :

- *des dépassements de seuil* : un micro-entrepreneur qui dépasse les seuils légaux (chiffre d'affaires, TVA) devra opter pour un régime fiscal et juridique différent ;
- *un besoin d'évolution sociale* : passer d'un statut de travailleur non salarié (TNS) à assimilé salarié, ou l'inverse, peut répondre à des enjeux liés à la retraite, au taux de cotisation ou à la protection sociale ;
- *un changement d'activité :* certaines activités nécessitent une structure juridique spécifique (par exemple : création d'une association pour obtenir des subventions ou SARL/SAS pour rassurer certains clients) ;

- *des contraintes personnelles* : des choix dictés par la situation personnelle, comme cumuler une pension de retraite avec une activité ou sécuriser son patrimoine personnel en limitant la responsabilité financière.

Choisir le bon (et nouveau) statut

Pour accompagner un entrepreneur dans le changement de statut juridique, commencez par analyser sa situation actuelle en détail. Cette étape consiste à comprendre les motivations derrière cette volonté de changement. Est-ce une question de seuils de chiffre d'affaires dépassés, de crédibilité auprès des partenaires ou encore d'optimisation de la protection sociale et fiscale ? Une analyse approfondie permettra de poser un diagnostic clair et pertinent.

Ensuite, présentez les options disponibles en fonction des besoins et des contraintes de l'entrepreneur. Expliquez de manière accessible les implications des principaux statuts, sans entrer dans des détails techniques qui pourraient rapidement devenir obsolètes. L'objectif est de donner une vue d'ensemble des alternatives possibles (SARL, SAS, association, micro-entreprise, etc.) et d'orienter l'entrepreneur vers le statut qui correspond le mieux à ses ambitions et à sa situation personnelle.

Enfin, en tant que conseiller, il est essentiel de rester à jour sur les évolutions juridiques et fiscales. Une veille régulière vous permet d'identifier rapidement les changements législatifs pouvant impacter le choix du statut. N'oubliez pas qu'un changement de statut peut être plus ou moins complexe et entraîner des frais variables, parfois élevés (intervention d'un commissaire aux apports, rédaction des statuts…). N'hésitez pas à orienter l'entrepreneur vers des professionnels spécialisés, comme des experts-comptables ou des avocats, pour valider et formaliser son choix. Cette collaboration garantit un changement de statut dans les meilleures conditions possible.

CAS PRATIQUE

Julien, organisateur d'événements

Julien est micro-entrepreneur et organise des événements professionnels depuis quatre ans. Ses activités ont connu une forte croissance, mais il se heurte à des contraintes importantes. Il dépasse régulièrement les seuils de chiffre d'affaires autorisés pour son statut et ne peut plus bénéficier des avantages fiscaux de la micro-entreprise. De plus, certains de ses clients institutionnels hésitent à travailler avec lui en raison du manque de crédibilité perçu de son statut.

Proposition des options adaptées

Après une discussion approfondie, plusieurs alternatives sont envisagées. Julien pourrait opter pour une SARL afin de bénéficier d'un cadre juridique plus structuré et rassurant pour ses clients. Ce statut lui permettrait également de séparer ses biens personnels de son activité professionnelle, réduisant ainsi ses risques financiers. Une autre option serait la SAS, offrant une plus grande flexibilité en termes de gestion et de statuts sociaux pour le dirigeant.

Passage à l'action

Sur ces conseils, Julien consulte un expert-comptable pour évaluer l'impact financier et fiscal de chaque option. Ensemble, ils établissent un plan de transition pour changer de statut sans perturber son activité. Julien choisit finalement de créer une SARL, avec un capital social adapté à ses ambitions, renforçant ainsi son image professionnelle. Toutefois, il comprend également qu'une SARL ne se gère pas comme une micro-entreprise : les obligations administratives, comptables et juridiques sont plus contraignantes et nécessitent une organisation rigoureuse. En ayant pleinement conscience de ces enjeux, Julien met en place les outils nécessaires pour gérer efficacement ce nouveau cadre. En quelques mois, il observe une augmentation de la confiance de ses clients et décroche plusieurs contrats importants.

Conclusion : une décision à forte portée stratégique

Changer de statut juridique n'est pas une décision anodine, mais bien une étape charnière dans le parcours entrepreneurial. En accompagnant l'entrepreneur dans ce processus, vous l'aidez à adapter sa structure à ses ambitions et à ses contraintes. Grâce à une approche méthodique et une vision long terme, le choix d'un nouveau statut devient un levier pour sécuriser et dynamiser l'activité.

« Comment mieux suivre et améliorer les performances de mon entreprise ? »

Piloter l'activité grâce à des tableaux de bord

Piloter une activité entrepreneuriale demande à naviguer avec des instruments fiables. Pourtant, beaucoup d'entrepreneurs manquent d'outils clairs pour analyser leur performance ou orienter leurs décisions stratégiques. Si la liasse fiscale, obtenue plusieurs mois après la clôture de l'exercice, offre une vue rétrospective de l'activité, elle ne constitue en aucun cas un outil de pilotage opérationnel au quotidien. Des tableaux de bord bien conçus, en revanche, permettent de traduire des données en actions concrètes, d'identifier les points à améliorer et de sécuriser la croissance de l'entreprise. En tant que conseiller, votre rôle est d'aider l'entrepreneur à mettre en place ces outils essentiels pour surveiller, analyser et optimiser chaque aspect de son activité en temps réel.

J'aimerais aussi vous préciser qu'un tableau de bord n'a pas forcément à être complexe : il doit simplement répondre aux problématiques de l'entrepreneur, afin que celui-ci puisse être capable de surveiller régulièrement les facteurs qui influent le plus sur son activité.

Pourquoi piloter son activité avec des tableaux de bord est indispensable ?

- **Prendre des décisions éclairées**

Un tableau de bord permet à l'entrepreneur de voir précisément où se situent les forces et faiblesses de son entreprise. Grâce à des indicateurs pertinents, il peut prioriser les actions, corriger les écarts et saisir les opportunités de manière proactive.

- **Suivre les objectifs stratégiques**

Le tableau de bord ne se limite pas à une simple mesure des résultats. Il aide à vérifier si l'entreprise avance dans la bonne direction par rapport aux objectifs définis, qu'ils soient commerciaux, organisationnels ou financiers.

- **Anticiper les risques et ajuster les priorités**

En visualisant les tendances, l'entrepreneur peut identifier des zones de risque (ventes en baisse, surcoûts, manque de productivité, baisse de la trésorerie) et réagir rapidement avant que la situation ne devienne critique.

- **Communiquer efficacement avec les parties prenantes**

Un tableau de bord structuré facilite la communication avec les équipes, les investisseurs ou les partenaires. Il transforme des données complexes en messages clairs et convaincants.

Comment mettre en place des tableaux de bord efficaces ?

- **Identifier les besoins de pilotage**

La première étape consiste à comprendre les priorités de l'entreprise : quels sont les principaux leviers de croissance (ventes, fidélisation, optimisation des coûts) ? Quelles sont les questions auxquelles l'entrepreneur souhaite répondre (performance des ventes, rentabilité, satisfaction client) ?

▬ Sélectionner les indicateurs clés

Chaque tableau de bord doit inclure des indicateurs spécifiques et adaptés au secteur de l'entreprise. Voici des exemples d'indicateurs :

- *commerciaux* : taux de transformation, suivi du carnet de commandes, évolution du chiffre d'affaires, panier moyen ;
- *organisationnels* : productivité, taux d'utilisation des ressources, suivi des stocks ;
- *financiers* : marge brute, seuil de rentabilité, point mort.

▬ Analyser les données disponibles

Il est essentiel de recenser les données déjà collectées par l'entreprise (ventes, dépenses, retours clients) et d'évaluer leur fiabilité. Si des informations manquent, guidez l'entrepreneur vers des outils ou process pour les obtenir.

▬ Construire des tableaux de bord personnalisés

Le tableau de bord doit être structuré autour des besoins identifiés. Par exemple :

- *pour un suivi commercial :* inclure des graphiques de l'évolution des ventes et des taux de conversion ;
- *pour un suivi financier :* présenter des ratios comme le seuil de rentabilité et la marge brute sous forme de tableau ;
- *pour un suivi qualité :* mesurer les taux de réclamation et les retours clients.

Quel tableau de bord choisir ?

▬ Les tableaux des indicateurs clés

Encouragez l'entrepreneur à concevoir un tableau synthétique où chaque indicateur est présenté avec son objectif, sa fréquence de mise à jour et sa source de données. Cela lui permettra de garder une vue d'ensemble sur ses performances.

▬ Les outils digitaux

Recommandez des outils tels qu'Excel ou Google Sheets pour des tableaux simples, ou des logiciels plus avancés comme Microsoft Power BI pour des entreprises avec des besoins complexes.

▬ Les templates de tableaux de bord

Fournissez à l'entrepreneur des modèles préconstruits qu'il peut adapter à son activité. Par exemple :

- un modèle pour le suivi des ventes, avec des sections sur le nombre de clients gagnés et le taux de transformation ;
- un modèle financier avec une vision mensuelle des marges et des seuils de rentabilité.

Organisez un atelier pour coconstruire les indicateurs avec l'entrepreneur. Cet échange permet de clarifier les priorités et de définir ensemble un tableau de bord qui répond réellement à ses besoins.

CAS PRATIQUE

Leilah, gérante d'une société de rénovation énergétique

Leilah dirige une entreprise spécialisée dans la rénovation énergétique de maisons individuelles. Bien que son carnet de commandes soit rempli, elle peine à gérer les flux financiers et à anticiper les périodes creuses. Elle ne sait pas si ses marges sont suffisantes pour investir dans du matériel supplémentaire et a du mal à mesurer la rentabilité de chaque chantier.
Lors de leur échange, Leilah et son conseiller identifient plusieurs points à améliorer :

- *absence de suivi précis des marges par chantier* : Leilah connaît ses prix de vente, mais elle ne suit pas précisément les coûts liés à chaque projet ;
- *manque de visibilité sur les flux de trésorerie* : elle a du mal à planifier les dépenses importantes, comme l'achat de matériaux ou la rémunération des sous-traitants ;
- *aucune distinction entre les périodes hautes et basses* : Leilah n'anticipe pas les périodes creuses, ce qui fragilise sa trésorerie.

↓

Avec l'aide de son conseiller, Leilah élabore un tableau de bord structuré.

- *Volet financier* : suivi de la marge brute par chantier (prix de vente – coûts directs) et calcul du seuil de rentabilité pour déterminer le volume de chantiers nécessaires chaque mois.
- *Volet commercial :* analyse du taux de conversion des devis en commandes et projection des commandes sur les six prochains mois pour identifier les périodes creuses.
- *Volet organisationnel* : suivi des délais moyens par chantier pour améliorer la planification et gestion des stocks de matériaux pour éviter les surcoûts liés aux commandes urgentes.

En moins d'un an, Leilah constate des améliorations notables : sa marge brute par chantier augmente de 12 % grâce à une meilleure maîtrise des coûts, elle anticipe désormais les périodes creuses en ajustant son planning et ses dépenses, la visibilité sur sa trésorerie lui permet d'investir dans du matériel plus performant, ce qui accélère les délais et renforce la satisfaction client.
Ainsi, un tableau de bord bien conçu aide non seulement à piloter les performances financières, mais aussi à mieux organiser les opérations et à sécuriser la croissance.

Conclusion : faire du tableau de bord un outil de pilotage indispensable

Le tableau de bord n'est pas qu'un outil, c'est une boussole qui guide l'entrepreneur dans la gestion et le pilotage de son activité. En tant que conseiller, votre rôle est de rendre cet outil accessible, pertinent et adapté aux besoins de l'entreprise et de l'entrepreneur. Une fois en place, il devient un véritable levier stratégique pour sécuriser les performances, prendre des décisions éclairées et piloter l'activité vers une croissance durable.

Attention toutefois à la tentation de souscrire à des outils externes : il est préférable de construire des tableaux de suivi simples et à sa portée pour affiner ses besoins avant d'envisager des solutions plus complexes.

Les erreurs fréquentes dans la phase de développement

Lorsqu'une entreprise est déjà en activité, les défis ne disparaissent pas ; ils évoluent. À ce stade, l'entrepreneur doit donc naviguer entre gestion quotidienne, vision stratégique et besoin de croissance. Pourtant, de nombreuses entreprises stagnent ou rencontrent des obstacles récurrents liés à des choix ou des habitudes mal ajustés. Voici les erreurs les plus fréquentes que rencontrent les entrepreneurs établis et les pistes pour y remédier.

Erreur 1 : gérer son entreprise comme au premier jour

- **Pourquoi cela pose problème ?**

Un entrepreneur qui gère son entreprise comme s'il venait de la créer risque de freiner sa croissance. Les outils, processus ou visions adaptés au début peuvent devenir obsolètes lorsque l'activité prend de l'ampleur.

- **Comment aider vos porteurs de projet ?**

Proposez un diagnostic organisationnel pour évaluer si les outils et méthodes actuels répondent encore aux besoins de l'entreprise. Aidez les entrepreneurs à mettre en place des solutions adaptées à une entreprise en pleine expansion : logiciels de gestion de projet, automatisation des tâches administratives ou délégation des responsabilités à des collaborateurs clés ou des prestataires externes. Rappelez-leur que s'adapter n'est pas un aveu d'échec, mais une preuve de maturité entrepreneuriale.

Erreur 2 : laisser la stratégie se diluer dans l'opérationnel

▬ Pourquoi cela pose problème ?

Beaucoup d'entrepreneurs en activité se perdent dans les urgences quotidiennes et négligent leur rôle stratégique. Ils passent leurs journées à éteindre des incendies au lieu de planifier l'avenir. Cette approche réactive limite leur capacité à innover et à anticiper les évolutions du marché.

▬ Comment aider vos porteurs de projet ?

Invitez-les à prendre régulièrement du recul avec des moments dédiés à la réflexion stratégique. Une méthode efficace est de réserver une demi-journée par semaine uniquement pour planifier à moyen et long termes. Lors de ces sessions, encouragez-les à se poser des questions clés : « Quels nouveaux marchés explorer ? Quelles collaborations stratégiques développer ? Quels ajustements apporter au modèle économique ? » Aidez-les à prioriser ces réflexions pour maintenir un cap clair.

Erreur 3 : la réticence face au changement (par peur de perdre le contrôle)

▬ Pourquoi cela pose problème ?

L'habitude peut devenir une prison. Certains entrepreneurs craignent que des ajustements (nouveaux outils, nouvelles méthodes ou délégation) les privent du contrôle qu'ils ont sur leur activité. Pourtant, cette résistance empêche souvent leur entreprise d'évoluer.

▬ Comment aider vos porteurs de projet ?

Insistez sur l'idée que lâcher prise ne signifie pas abandonner, mais évoluer. Utilisez des exemples concrets d'entreprises ayant prospéré en adoptant de nouvelles approches (Afflelou, Apple, Free, Doctolib…). Vous pouvez aussi introduire des outils comme les tableaux de bord ou les check-up réguliers avec l'équipe pour garantir un suivi structuré sans micro-gestion.

Erreur 4 : s'appuyer sur un modèle économique figé

▬ Pourquoi cela pose problème ?

Certains entrepreneurs s'accrochent à un modèle qui ne correspond plus à la réalité de leur marché ou à l'évolution de leur activité. Par exemple, un service facturé à l'heure peut limiter la croissance lorsqu'il devient difficile d'augmenter le volume de travail ou les tarifs.

▬ Comment aider vos porteurs de projet ?

Encouragez-les à explorer des alternatives, comme des abonnements, des forfaits ou des produits dérivés qui génèrent des revenus récurrents. Organisez un atelier pour identifier les opportunités de diversification ou d'ajustement du modèle économique. Posez des questions telles que : « Quels besoins connexes vos clients expriment-ils ? Comment transformer une prestation ponctuelle en une relation continue ? »

Erreur 5 : ignorer les opportunités de formation et de développement personnel

▬ Pourquoi cela pose problème ?

Un entrepreneur qui cesse d'apprendre risque de stagner. L'évolution des marchés, des technologies et des comportements clients impose une veille constante et une adaptation régulière. Pourtant, beaucoup négligent la formation par manque de temps ou par excès de confiance en leurs acquis.

▬ Comment aider vos porteurs de projet ?

Encouragez-les à consacrer une part de leur temps et de leur budget à leur propre formation. Qu'il s'agisse de suivre des webinaires sur les nouvelles tendances marketing, d'apprendre à utiliser un logiciel ou d'améliorer leurs compétences en gestion, cela bénéficie à l'entreprise. Ces initiatives ont toujours plus de chance d'aboutir lorsqu'elles sont comprises par le dirigeant. Proposez également des événements de réseautage où ils peuvent échanger avec des pairs et élargir leurs perspectives.

Annexes

LA BOÎTE À OUTILS DU CONSEILLER EN ENTREPRENEURIAT

Bienvenue dans la boîte à outils qui vous aidera à accompagner un porteur de projet avec sérénité et efficacité. Chez CréActifs, nous savons qu'entreprendre, c'est à la fois une aventure exaltante et un parcours semé de challenges. Cette partie rassemble ainsi des outils concrets et des méthodes éprouvées, issus de notre expérience de terrain et enrichis par une démarche d'amélioration continue. Parce que, soyons honnêtes, le monde entrepreneurial évolue constamment et il en va de même pour nos pratiques d'accompagnement ! Qu'il s'agisse de valider la faisabilité d'un projet, de construire un business model solide ou encore de structurer un montage financier, vous trouverez ici tout ce qu'il faut pour guider vos porteurs de projet étape par étape.

Nous avons conçu ces outils pour qu'ils soient flexibles et accessibles, mais surtout adaptés aux réalités (et aux imprévus !) que rencontrent les entrepreneurs. L'idée est de rendre simple ce qui peut parfois sembler complexe et de transformer des obstacles en opportunités. En tant que conseiller, votre mission n'est pas seulement d'apporter des réponses, mais aussi de poser les bonnes questions pour faire émerger des solutions durables, mettre le porteur de projet en mouvement et développer son mindset entrepreneurial.

Que vous soyez déjà aguerri ou que vous cherchiez à renforcer votre approche, cette boîte à outils est là pour vous. Prenez le temps d'explorer chaque thème, appropriez-vous les outils et, surtout, transmettez aux entrepreneurs la confiance nécessaire pour transformer leurs idées en entreprises viables.

Valider la faisabilité : le diagnostic complet

POURQUOI VALIDER LA FAISABILITÉ ?

- **Se rendre compte du niveau de maturité et d'avancée du porteur de projet**

Valider la faisabilité permet de situer précisément l'état d'avancement du projet. Cela aide à comprendre où le porteur se situe dans son parcours entrepreneurial : est-il encore en phase d'exploration ou déjà dans une dynamique de mise en œuvre ? Cette étape permet également de définir les premiers grands objectifs à atteindre et d'identifier les éventuelles zones d'ombre à éclaircir. En ayant une vue claire de la maturité du projet, le conseiller peut mieux ajuster son accompagnement et guider l'entrepreneur avec des recommandations adaptées.

- **Mieux calibrer le plan d'action et l'accompagnement**

Un diagnostic approfondi aide à calibrer le plan d'action en fonction de la situation personnelle et professionnelle du porteur de projet. Par exemple, un entrepreneur disposant de solides compétences techniques mais manquant de savoir-faire commercial aura besoin d'un accompagnement différent de celui d'un porteur maîtrisant le marketing mais peu familiarisé avec les aspects financiers. Valider la faisabilité permet également de prendre en compte les contraintes spécifiques (disponibilité, contraintes familiales ou capacité financière) et d'anticiper les besoins en formations, partenariats ou financements.

- **Limiter les risques et sécuriser l'investissement**

Une préparation insuffisante est souvent à l'origine des échecs entrepreneuriaux. Valider la faisabilité permet d'identifier les risques potentiels et de lever les freins (juridiques, financiers, organisationnels) avant qu'ils ne se transforment en obstacles. Cette étape critique permet de :

- mettre en lumière les axes d'amélioration, les points de vigilance ou les freins, qu'ils soient techniques, réglementaires ou économiques ;
- s'assurer que l'investissement initial est justifié, optimisé et en cohérence avec les ressources disponibles ;
- minimiser les imprévus en anticipant les besoins à court et moyen termes.

- **Optimiser le potentiel de l'offre et le marché cible**

Un projet doit s'inscrire dans une logique de réponse à un besoin réel du marché. La validation de la faisabilité consiste à vérifier que l'offre répond aux attentes des clients cibles, qu'elle se démarque de la concurrence et qu'elle est suffisamment claire et attractive pour susciter l'intérêt. Cela passe par une analyse des besoins clients, la définition précise de la proposition de valeur, l'identification des canaux de distribution les plus adaptés.

- **Définir les jalons pour structurer le projet**

Valider la faisabilité, c'est enfin poser les premières pierres d'un parcours structuré vers le lancement. Cela permet de définir des jalons clairs, des étapes progressives et des objectifs mesurables pour transformer l'idée en réalité. Grâce à cette structuration, l'entrepreneur peut avancer avec davantage de sérénité et de méthode, en ayant une vision claire des étapes à venir et des ressources nécessaires pour chaque phase.

COMMENT VALIDER LA FAISABILITÉ ?

Pour guider un porteur de projet, il est important d'adopter une approche structurée qui repose sur plusieurs axes d'évaluation.

ASPECTS	LES QUESTIONS À POSER
Adéquation porteur/projet	**Le projet et vous** - Quelle est votre activité ? - Quelle sera votre proposition de valeur ? - Quelles sont vos motivations pour entreprendre ? - En quoi ce projet vous permettra d'être en phase avec vos motivations ?
	Vos contraintes personnelles - Avez-vous estimé l'apport financier dont vous disposez ? - Avez-vous estimé les revenus que vous souhaiteriez vous verser ?
	Vos compétences, expériences et formations - Avez-vous de l'expérience professionnelle dans cette activité ? - Avez-vous suivi des formations en lien avec cette activité ?
Offre	- Quelle est votre offre ? - Est-elle constituée de plusieurs produits/services ? - Où trouver votre produit ?
Étude de marché	- Existe-t-il un marché ? - Quels sont les tarifs pratiqués sur le marché ? - Les clients sont-ils prêts à payer pour ce produit ou service ? - Qui sont vos principaux concurrents ? - Avez-vous identifié les points faibles et les points forts de votre offre ?
Réglementation	**La réglementation de l'activité** - Faut-il des diplômes pour exercer ? - L'activité impose-t-elle une forme juridique ?
	Les données personnelles - L'activité requiert-elle le traitement des données personnelles ?
	Les normes, brevets - Quelles sont les normes à respecter ?
Forme juridique	- Quelle est la forme juridique envisagée ? - Quelle est votre part du capital ? - Envisagez-vous un pacte d'associés ?

ASPECTS	LES QUESTIONS À POSER
Modèle économique	**Les tarifs** - Quels sont les tarifs envisagés ? - Y a-t-il des variations selon les saisons, le type de clientèle, etc. ?
	La marge, les coûts de revient et de fonctionnement - Quelle est la marge brute appliquée au produit ou service ? - Le projet nécessite-t-il des locaux, des assurances, etc. ?
Besoins et ressources	- Quelles sont les ressources humaines, matérielles et immatérielles dont l'entreprise a besoin pour fonctionner ? - Disposez-vous d'un apport ? - Faut-il prévoir d'autres financements ?
Prévisionnel financier	**Le plan de financement** - Vos ressources couvrent-elles la totalité de vos besoins ?
	Le compte de résultat - Quel est votre chiffre d'affaires prévisionnel ? - Avez-vous prévu de vous rémunérer la première année ?
	Le plan de trésorerie - Disposez-vous d'une réserve financière suffisante pour assurer le fonctionnement de la société durant la première année ?
Communication et commercialisation	- Votre processus de vente est-il clairement établi ? - Disposez-vous d'un plan d'action marketing et commercial ? - Quelle est votre présence sur les réseaux sociaux ?
Avancement du projet	- Quelles sont vos compétences/connaissances ? - Qui sont les membres de votre équipe ? - Quelle est votre mission ? Quelle est votre vision ? - Quels sont les moyens nécessaires pour concrétiser votre projet ? - Quand envisagez-vous le démarrage de votre activité ?

OUTILS SUPPLÉMENTAIRES

Pour structurer l'évaluation, proposez des outils concrets et accessibles.

- **Le canvas des « clés du projet » :** cet outil visuel, décrit en partie 2, permet de structurer la réflexion autour des aspects fondamentaux du projet. Divisé en plusieurs zones (valeurs, envies, compétences, client idéal, proposition de valeur, etc.), il aide le porteur de projet à clarifier ses idées tout en identifiant les zones de flou ou de risque. Complétez chaque section en posant des questions ciblées (ex. : « Quelles sont vos contraintes personnelles ? Quel est le profil de votre client idéal ? ») et identifiez les déséquilibres ou incohérences entre les différentes dimensions.
- **L'adéquation porteur/projet/compétences :** cet outil évalue les compétences mobilisables par le porteur et celles qui nécessitent un soutien externe. Grâce à cette matrice, vous pourrez mieux orienter le porteur vers des formations ou partenariats pertinents. Classez les compétences en quatre catégories : celles qui aident à vendre ; celles qui permettent de produire ; celles qui facilitent la gestion ; celles liées aux achats.
- **Les tests d'offre et études de marché :** proposez au porteur de projet de valider son idée directement auprès de sa cible grâce à des sondages en ligne (utilisez des plateformes comme Google Forms pour tester l'attractivité de l'idée), des enquêtes terrain pour confronter son idée, voire son prototype directement, des pop-up stores ou ventes éphémères pour tester l'offre sur une période limitée et recueillir des données concrètes sur la demande.
- **Les outils financiers simples** : aidez le porteur à construire un plan de financement réaliste. Accompagnez-le dans sa réflexion sur ses besoins et ressources, à les résumer, à les expliquer et à les estimer pour le lancement de son activité. Puis, aidez-le à réaliser un compte de résultat prévisionnel, ainsi qu'un plan de trésorerie prévisionnel. Enfin, aidez-le à imaginer des scénarios financiers (vous pouvez conseiller à votre porteur de projet de construire trois scénarios (optimiste, réaliste, pessimiste) pour anticiper les aléas).

Annexe 2

Accompagner l'élaboration du business model

POURQUOI ÉLABORER UN BUSINESS MODEL ?

1. Comprendre la structure économique du projet

Un business model sert à identifier les mécanismes qui permettent à une entreprise de générer des revenus tout en couvrant ses coûts. Sans une vision claire de cette structure, le porteur de projet risque de manquer des opportunités ou de faire face à des blocages imprévus.

2. Renforcer la pérennité de l'entreprise

Une réflexion approfondie sur le business model permet d'anticiper les risques, d'identifier les sources de différenciation et d'assurer une adaptabilité aux évolutions du marché.

3. Clarifier les priorités stratégiques

En structurant le business model, l'entrepreneur peut mieux comprendre ses priorités : quels clients cibler en priorité ? Quelle offre valoriser ? Quels canaux privilégier ? Cela permet d'allouer les ressources efficacement.

4. Communiquer avec les parties prenantes

Un business model clair est indispensable pour convaincre des partenaires ou des investisseurs. Il constitue une base pour expliquer la valeur de l'entreprise et démontrer sa viabilité.

COMMENT ÉLABORER UN BUSINESS MODEL SOLIDE ?

La méthode la plus efficace repose sur le Business Model Canvas (BMC), qui divise le modèle économique en neuf blocs interconnectés. Pour le réaliser, prenez une grande feuille et des Post-it. Reproduisez le canvas ci-dessous, et notez une idée clé par Post-it de manière synthétique. Notez bien que le travail sur le Business Model Canvas est un exercice de synthèse et de simplification !

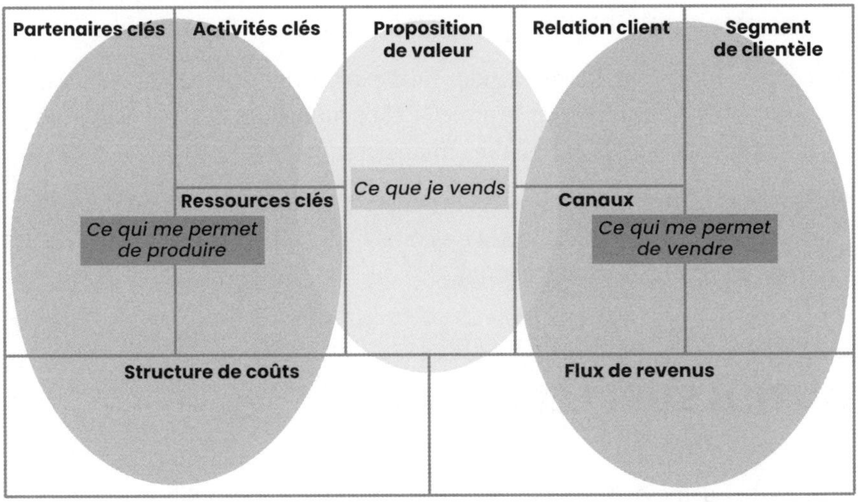

Source : CréActifs.

Voici les explications supplémentaires pour remplir ce canvas.

1. *La proposition de valeur.* Aidez le porteur à définir ce que son produit ou service apporte de spécifique à ses clients. Quelles problématiques résout-il ? Quelles sont ses caractéristiques différenciantes ?

2. *Les différents segments de clients*. Invitez le porteur de projet à identifier les groupes de clients ciblés par le projet. Qui sont les clients prioritaires ? Quels sont leurs attentes et besoins spécifiques ?
3. *Les canaux*. Aidez le porteur de projet à déterminer comment l'offre sera délivrée aux clients. Cela peut inclure des canaux physiques (boutiques, salons) ou numériques (site e-commerce, réseaux sociaux).
4. *Les relations avec les clients*. Discutez avec le porteur de projet de la manière dont l'entreprise interagira avec ses clients : service personnalisé, communautés en ligne, assistance après-vente, etc.
5. *Les sources de revenus*. Invitez le porteur de projet à analyser les différentes façons dont l'entreprise générera des revenus : ventes directes, abonnements, publicités, etc.
6. *Les ressources clés*. Aidez-le à identifier les ressources indispensables au fonctionnement du projet. Cela inclut les ressources humaines, matérielles, financières ou intellectuelles.
7. *Les activités clés*. Incitez-le à détailler les activités essentielles nécessaires pour créer et livrer l'offre : production, marketing, distribution, etc.
8. *Les partenaires clés*. Recommandez-lui d'explorer les partenariats stratégiques nécessaires pour renforcer le projet. Cela peut inclure des fournisseurs, des distributeurs ou des partenaires financiers.
9. *Les coûts*. Aidez-le à évaluer les dépenses incontournables pour faire fonctionner l'entreprise. Cela inclut les coûts fixes (salaires, loyers) et variables (frais de production, marketing).

OUTILS SUPPLÉMENTAIRES

En plus du Business Model Canvas, voici quelques autres outils existants pour accompagner votre porteur de projet dans l'élaboration de son business model.

- **Les ateliers** : organisez des sessions de brainstorming entre vous et le porteur de projet. Utilisez des Post-it pour remplir chaque bloc du BMC, ce qui permet une approche dynamique et itérative.

- **Le canvas « clés du projet »** : en complément du BMC, ce canvas est utile pour explorer des dimensions plus personnelles du porteur de projet (ses motivations, ses contraintes, ses compétences). Cela permet de s'assurer que le business model est en adéquation avec le profil de l'entrepreneur.
- **La matrice SWOT** : analyse utile pour identifier les facteurs internes et externes qui influencent la réussite du modèle économique.
- **Le tableau des flux financiers** : outil qui permet de traduire les hypothèses du business model en prévisions financières. Il est particulièrement intéressant pour valider la viabilité économique et anticiper les besoins de financement.

Développer une stratégie commerciale

POURQUOI ÉLABORER UNE STRATÉGIE COMMERCIALE ?

Une stratégie commerciale permet de structurer ses actions pour maximiser son impact sur le marché. Sans elle, les entrepreneurs risquent de dilapider leurs ressources et de perdre en efficacité. Voici les raisons principales de son importance.

1. *L'alignement avec les objectifs de l'entreprise* : une stratégie commerciale cohérente garantit que toutes les actions visent à atteindre les objectifs définis.
2. *L'optimisation des ressources* : elle aide à prioriser les efforts là où ils génèrent le plus de résultats.
3. *La différenciation* : dans un marché saturé, une stratégie bien pensée met en lumière les avantages compétitifs de l'offre.
4. *L'adaptation au marché* : elle permet de réagir rapidement aux évolutions des besoins clients ou des concurrents.
5. *La mesure des performances* : avec une stratégie, il est possible de suivre des indicateurs clairs et de savoir ce qui fonctionne ou non.

En somme, la stratégie commerciale est l'outil qui donne à l'entrepreneur la capacité de naviguer avec précision et efficacité dans un environnement compétitif.

COMMENT CONSTRUIRE UNE STRATÉGIE COMMERCIALE ?

Pour aider l'entrepreneur à construire sa stratégie commerciale, je vous invite à suivre ces étapes clés.

1. L'analyse de la situation actuelle
SWOT : forces, faiblesses, opportunités, menaces
Analyse du marché (clients, besoins)
Étude des concurrents (offres et positionnements)

↓

2. Définir les objectifs
SMART : Spécifique, Mesurable, Atteignable, Réaliste, Temporellement défini

↓

3. Segmenter et cibler
Identifier les segments prioritaires
Définir les personas clients

↓

4. Choisir les canaux de communication adaptés
La matrice go / no go : est-ce pertinent ?
Ressources disponibles ? ROI attendu ?

↓

5. Le plan d'action commercial
Actions : prospecter, fidéliser, convertir
Ressources : qui fait quoi ? Quand ?
KPI : indicateurs de suivi (ventes, conversion)

↓

6. Tester et optimiser
Planification en phases
Tests sur petits segments
Ajustements basés sur les résultats

Source : CréActifs.

OUTILS SUPPLÉMENTAIRES

Pour guider efficacement l'entrepreneur dans cette démarche, voici des outils indispensables.

- **Le modèle AIDA (Attention, Intérêt, Désir, Action) :** un modèle classique (beaucoup utilisé en marketing et communication), mais toujours efficace pour structurer les messages commerciaux, qu'il s'agisse d'une campagne publicitaire ou d'un pitch.
- **Les outils numériques :** un CRM (*Customer Relationship Management*) pour centraliser les données clients pour un suivi efficace, des outils de mail marketing pour automatiser les campagnes et fidéliser la clientèle, des outils d'analytics pour mesurer le trafic, les conversions et le ROI des campagnes en ligne.

Comprendre, interpréter et cadrer le montage financier

POURQUOI S'INTÉRESSER AU MONTAGE FINANCIER ?

Pour permettre une meilleure réflexion de la part du porteur de projet, il est souvent pertinent de lui proposer de commencer par identifier les différentes dépenses et ressources selon sa vision propre, sans lui imposer d'emblée le formalisme des documents énoncés ci-après pour éviter un sentiment de contrainte trop forte, d'autant que l'on aborde ici la dimension comptable qui est souvent un point de blocage pour les porteurs de projet.

Cependant, le montage financier est important et vous devez aider votre porteur de projet à s'y intéresser et/ou l'accompagner. En effet, il sert notamment à :

- *assurer la viabilité économique* : un projet mal financé risque l'échec, même si l'idée est prometteuse. Comprendre les flux financiers permet d'éviter les tensions de trésorerie ;
- *renforcer la crédibilité* : un porteur de projet capable de présenter un plan financier clair et structuré inspire confiance aux investisseurs, banques et partenaires ;

- *anticiper les imprévus* : prévoir une marge de sécurité financière est essentiel pour pallier les aléas inévitables de l'entrepreneuriat ;
- *optimiser les ressources* : en identifiant les ressources disponibles et en les alignant avec les besoins, le porteur peut éviter les gaspillages et mieux structurer son activité ;
- *valider la suffisance des ressources* en intégrant les éventuels décalages de trésorerie.

Le montage financier comprend trois documents.

Le plan de financement pour estimer les besoins et les ressources

C'est une forme simplifiée du bilan utilisée spécifiquement dans la période de création d'entreprise.

Les besoins correspondent au montant des investissements ainsi qu'à l'enveloppe de trésorerie nécessaire pour assurer les premiers mois d'activité (décalage éventuel des règlements clients, couverture du BFR – *Besoin en fonds de roulement*).

BESOINS	INITIAL
Immobilisations incorporelles	
Frais de premier établissement	
Fonds de commerce/Droit au bail	
Droit d'entrée franchise	
Site et logiciels	
Immobilisations corporelles (investissements)	
Terrains	
Constructions	
Installations, aménagements	
Véhicule professionnel	

BESOINS	INITIAL
Matériel informatique	
Matériel de bureau	
Mobilier	
Autres	
Immobilisations financières	
Dépôt de garantie	
Variation du BFR	**0**
TOTAL	**0**

Les ressources sont les modalités de financement envisagées pour couvrir les besoins (apport en capital, comptes courants, prêts, aides ou subventions, financement participatif…).

RESSOURCES	MONTANT
Fonds propres	
Capital	
Comptes courants (c/c) des associés	
Prêt d'honneur (en c/c associés)	
Emprunts	
Prêt bancaire 1	
Prêt bancaire 2	
Autre prêt	
Divers	
Autres aides et ressources	
TOTAL	**0**
Écart Ressources – Besoins	**0**

Scannez le QR Code ci-contre pour télécharger une trame d'un plan de financement prévisionnel.

http://dunod.link/creactifs12

Le compte de résultat pour retracer l'activité par année

Le compte de résultat est l'enregistrement des produits et des charges sous-jacentes ou nécessaires au bon fonctionnement de l'entreprise au fur et à mesure de leur réalisation (pas nécessairement simultanée au paiement).

Les produits correspondent ainsi à ce qui rentre dans l'entreprise, essentiellement le chiffre d'affaires, mais aussi d'autres produits tels que des subventions ou des produits financiers issus de placements de trésorerie.

Les charges, quant à elles, sont liées aux coûts nécessaires au fonctionnement de l'entreprise. Cela inclut les achats de toutes natures, les recours à des services extérieurs à l'entreprise, les impôts et taxes à payer (hors impôt sur les sociétés, IS), tout ce qui a trait au personnel, les charges financières (intérêts), etc.

Le compte de résultat doit être élaboré sur trois années.

	ANNÉE 1	ANNÉE 2	ANNÉE 3
Chiffre d'affaires			
Ventes de produits finis			
Prestations de services			
Ventes de marchandises			
Production stockée			
Autres produits de l'exercice			
Subventions d'exploitation			
Produits financiers de l'exercice			
Produits financiers			

	ANNÉE 1	ANNÉE 2	ANNÉE 3
Total des produits (A)			
Achats			
Fournitures non stockées			
Achats de marchandises			
Variations de stock de marchandises			
Achats de matières premières			
Variation de stock de matières premières et autres			
Achats de services liés aux biens et services			
Rabais, remises et ristournes obtenus			
Charges externes			
Sous-traitance directe totale			
Crédit-bail			
Locations			
Charges locatives			
Entretien et réparations			
Assurances			
Frais de documentation			
Frais de formation			
Commissions			
Honoraires			
Publicité			
Transports			
Déplacements, missions, réceptions			
Frais postaux et de télécoms			
Services bancaires et assimilés (non soumis à la TVA)			
Divers			

	ANNÉE 1	ANNÉE 2	ANNÉE 3
Impôts et taxes			
Contribution économique territoriale			
Autres taxes et droits			
Charges de personnel			
Salaires bruts (net + part salariale)			
Charges sociales patronales			
Gratifications stagiaires			
Rémunération du gérant majoritaire			
Cotisations sociales dirigeant (TNS)			
Cotisations sociales EI ou TNS à l'IR (impôt sur le revenu)			
Cotisations sociales micro-entrepreneur			
Autres charges de gestion courante			
Charges financières			
Intérêts/emprunts moyen et long termes			
Agios/surendettements court terme			
Dotations aux amortissements			
Total des charges (B)			
Résultat avant impôt (A – B)			
Impôt sur les bénéfices			
RÉSULTAT NET COMPTABLE			

Scannez le QR Code ci-contre pour télécharger une trame d'un compte de résultat prévisionnel.

http://dunod.link/creactifs13

Le plan de trésorerie pour suivre la trésorerie de l'entreprise

Le plan de trésorerie est le juge de paix, la trésorerie est le nerf de la guerre. Il est donc indispensable de la suivre pour s'assurer de la viabilité du projet et, dans la vie de l'entreprise, anticiper d'éventuels décalages afin d'éviter des incidents.

Le plan de trésorerie reprend ainsi tous les événements, de la première année minimum, qui figurent dans le plan de financement et dans le compte de résultat, positionnés en date estimée du flux financier mois par mois. Ce tableau est ensuite subdivisé en trois grandes parties :

- *les recettes :* tout ce qui rentre dans l'entreprise (ressources initiales, produits…) ;
- *les dépenses :* tout ce que l'on paie (remboursement de prêts, charges…) ;
- *les soldes* : différence entre les recettes et les dépenses qui permet de déterminer le solde des comptes de trésorerie de fin de chaque mois en solde final, lui-même reporté en solde initial du mois suivant.

		ANNÉE 1											
		Janv.	Fév.	Mars	Avril	Mai	Juin	Juill.	Août	Sept.	Oct.	Nov.	Déc.
RECETTES	Capital												
	Apports en comptes courants												
	Emprunts												
	Total recettes hors exploitation												
	CA TTC biens et services												
	CA TTC négocié												
	Subventions d'exploitation												
	Remboursement crédit de TVA												
	Produits financiers												
	Total recettes d'exploitation												
	TOTAL RECETTES												

	ANNÉE 1												
		Janv.	**Fév.**	**Mars**	**Avril**	**Mai**	**Juin**	**Juill.**	**Août**	**Sept.**	**Oct.**	**Nov.**	**Déc.**
DÉPENSES	Immobilisations TTC												
	Dividendes												
	Retraits en c/c associés ou EI/TNS à l'IR												
	Remboursement des emprunts												
	Acomptes fournisseurs HT												
	Total dépenses hors exploitation												
	Achats TTC												
	Achats de services TTC												
	Autres achats et charges externes TTC												
	Impôts et taxes												
	Taxe d'apprentissage												
	Cotisation foncière des entreprises												
	Cotisation valeur ajoutée entreprises												
	Autres taxes et droits												

	ANNÉE 1												
		Janv.	Fév.	Mars	Avril	Mai	Juin	Juill.	Août	Sept.	Oct.	Nov.	Déc.
DÉPENSES	**Charges de personnel**												
	Salaires nets												
	Charges sociales totales												
	Salaires nets assimilés salariés												
	Charges sociales totales												
	Gratifications stagiaires												
	Rémunération du gérant majoritaire												
	Cotisations sociales dirigeant (TNS)												
	Cotisations sociales EI ou TNS à l'IR												
	Cotisations sociales micro-entrepreneur												
	Autres charges de gestion courante												
	Charges financières												
	Intérêts/emprunts moyen et long termes												
	Agios/surendettement court terme												
	TVA à payer												
	Impôt sur les sociétés												
	Total dépenses d'exploitation												
	TOTAL DÉPENSES												
	Recettes – dépenses du mois												
	SOLDE DE TRÉSORERIE												

Scannez le QR Code ci-contre pour télécharger une trame d'un plan de trésorerie prévisionnel.

http://dunod.link/creactifs14

COMMENT CADRER LE MONTAGE FINANCIER ?

Le montage financier repose sur une approche méthodique qui couvre trois axes principaux : les ressources, les besoins et l'équilibre global.

1. *Identifier les ressources disponibles.* Le porteur doit recenser l'ensemble des moyens financiers et matériels à sa disposition :
   - apport personnel : quelle somme peut-il investir lui-même ?
   - soutien familial : peut-il bénéficier d'une aide de ses proches ?
   - ressources matérielles : dispose-t-il déjà de certains équipements ou stocks de départ ?
   - capacité d'emprunt : est-il prêt à solliciter un prêt bancaire ? Quel montant espère-t-il obtenir ?
2. *Évaluer les besoins.* Il s'agit de dresser la liste complète des investissements nécessaires pour le lancement et le fonctionnement de l'entreprise :
   - investissements matériels : locaux, mobilier, véhicules, outils ;
   - stocks initiaux : quel volume de stock est indispensable au démarrage ?
   - frais courants : loyer, charges, salaires éventuels, frais administratifs ;
   - trésorerie initiale : somme requise pour couvrir les premiers mois d'activité.
3. *Élaborer un plan de financement.* Un tableau de financement permet de croiser les ressources et les besoins pour déterminer les éventuels déficits à combler. Il s'agit d'un outil stratégique pour justifier la faisabilité financière auprès des partenaires, identifier les priorités d'investissement et définir des stratégies d'ajustement en cas d'écarts financiers.
4. *Réaliser la modélisation de la réalisation du CA.* Cela permet de vérifier la cohérence entre les chiffres estimés et la capacité à les réaliser en fonction de son offre. On identifie aussi dans cette phase les charges variables liées à la production du CA.

5. *Recenser les charges et autres produits.* Cela consiste à faire l'inventaire de toutes les charges nécessaires, en distinguant les charges variables (liées à la production du CA) des charges fixes (que l'on paie, qu'il y ait du CA ou non). Il faut également inclure d'éventuels produits non liés au CA (placements, revenus de licence...)
6. *Construire le compte de résultat.* Cela consiste à synthétiser les produits et les charges dans le compte de résultat pour déterminer le résultat prévisionnel par année.
7. *Impacter le plan de trésorerie.* Enfin, il faut reporter toutes les opérations du plan de financement et du compte de résultat en date des flux financiers, mois par mois, dans le plan de trésorerie.

OUTILS SUPPLÉMENTAIRES

- **Un questionnaire financier** : outil permettant de simplifier les échanges avec le porteur de projet. Les questions posées permettent d'estimer les montants nécessaires, d'évaluer les garanties potentielles et de clarifier les besoins spécifiques. Par exemple : « Avez-vous un apport personnel suffisant pour vous permettre de financer votre projet ? »
- **L'analyse de scénarios** : encouragez le porteur à préparer plusieurs hypothèses financières :
  - *scénario pessimiste* : revenus inférieurs aux projections. Cette approche permet d'anticiper les défis et de s'y préparer. C'est aussi, dans la plupart des cas, celle qui est produite en premier par le porteur de projet !
  - *scénario optimiste :* chiffre d'affaires supérieur aux attentes ;
  - *scénario réaliste* : prévisions les plus probables.

Présenter et choisir les statuts juridiques

POURQUOI CE CHOIX EST IMPORTANT ?

Le statut juridique détermine plusieurs éléments clés de l'entreprise, tels que :

- *la responsabilité de l'entrepreneur* : certains statuts, comme la micro-entreprise, n'offrent qu'une séparation limitée entre patrimoine personnel et professionnel, alors que des formes comme la SARL ou la SASU apportent une protection juridique plus étendue ;
- *le régime fiscal* : les modalités d'imposition (impôt sur le revenu ou impôt sur les sociétés) varient selon le statut et influencent directement la rentabilité ;
- *le régime social du dirigeant* : le statut d'assimilé-salarié (SAS, SASU) et celui de travailleur non-salarié (EURL, SARL) impliquent des cotisations sociales et une couverture sociale très différentes ;
- *les opportunités de financement :* certains investisseurs ou banques préfèrent traiter avec des sociétés plutôt qu'avec des micro-entreprises ou des entreprises individuelles, pour des raisons de garantie et de crédibilité.

COMMENT CHOISIR LE BON STATUT JURIDIQUE ?

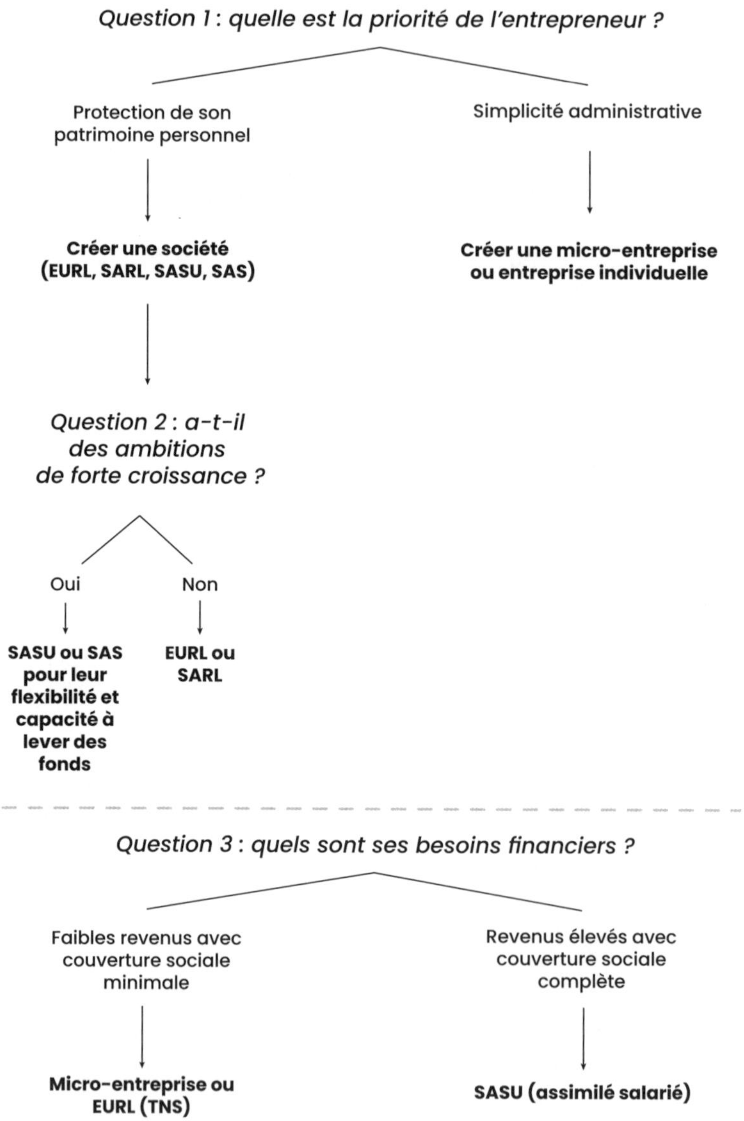

Source : CréActifs.

1. *Analyser la situation personnelle et professionnelle*. Si protéger le patrimoine personnel est important, une société sera plus appropriée (EURL, SARL, SASU, SAS). Depuis la loi de 2022, même les entrepreneurs individuels bénéficient d'une protection limitée, mais moins solide que dans une société. Un entrepreneur qui souhaite lever des fonds ou collaborer avec des partenaires aura donc intérêt à constituer une société, notamment une SAS ou SASU.
2. *Évaluer la nature de l'activité*. Certaines professions réglementées (médecins, avocats) imposent des statuts spécifiques, comme l'entreprise individuelle classique ou des sociétés civiles professionnelles (SCP). Les activités à forte croissance, nécessitant des investisseurs, sont généralement mieux adaptées aux SAS ou SASU pour leur souplesse.
3. *Prendre en compte les aspects financiers*. Les micro-entreprises offrent une fiscalité simplifiée, mais elles ne permettent pas de récupérer la TVA ni d'amortir les investissements. Une société (SARL, SAS) peut être soumise à l'impôt sur les sociétés (IS), souvent plus avantageuse pour des bénéfices élevés. Les travailleurs non-salariés (EURL, SARL) paient moins de cotisations, mais bénéficient d'une couverture sociale moins complète. Les dirigeants assimilés-salariés (SAS, SASU) ont des cotisations plus élevées, mais une meilleure protection sociale.
4. *Anticiper les évolutions futures*. Une SAS ou SASU permet d'intégrer facilement de nouveaux associés ou investisseurs. La micro-entreprise est idéale pour tester une activité, mais ses plafonds de chiffre d'affaires (188 700 € pour les activités de vente et 77 700 € pour les activités de prestations de services en 2025) peuvent rapidement devenir un frein pour les projets ambitieux.

OUTILS SUPPLÉMENTAIRES

- **La check-list des priorités**. Créez une check-list qui inclut des questions clés : quels sont les objectifs à court et long termes ? Quel est le niveau de risque financier ? Quels sont les besoins en financement ? Quelle est la priorité : simplicité administrative ou capacité de développement ?
- **Le comparateur de statuts juridiques**. Mettez en place un tableau comparatif des principaux statuts (micro-entreprise, EURL, SARL, SASU, SAS)

en fonction des critères suivants : responsabilité personnelle, régime social, fiscalité, flexibilité pour les associés, simplicité administrative.

- **Les études de cas**. Présentez des scénarios concrets pour illustrer les choix possibles. Par exemple :
  - une activité artisanale locale avec un chiffre d'affaires modéré : micro-entreprise ;
  - une start-up tech nécessitant des levées de fonds : SASU ou SAS ;
  - une activité libérale avec peu de dépenses : EURL.
- **Les outils interactifs**. Utilisez des outils comme des simulateurs de cotisations sociales et de fiscalité[8] pour permettre au porteur de projet de visualiser l'impact financier des différents statuts.

8. Par exemple : *https://mon-entreprise.urssaf.fr/assistants/choix-du-statut*

Annexe 6

Sensibiliser à l'importance du business plan

POURQUOI RÉDIGER UN BUSINESS PLAN ?

1. Clarifier la vision et structurer le projet

Le business plan permet de mettre noir sur blanc les ambitions de l'entrepreneur, de définir clairement la mission de l'entreprise et ses objectifs à court, moyen et long termes. Ce processus force à poser des questions essentielles : quelles sont les ressources disponibles ? Qui sont les cibles prioritaires ? Quel est l'avantage concurrentiel ?

2. Sécuriser les financements

Pour obtenir des prêts, subventions ou investissements, un business plan solide est indispensable. Les banques et investisseurs souhaitent avoir une vision claire, des données chiffrées et une stratégie de développement crédible.

3. Anticiper les risques et les imprévus

En structurant chaque aspect du projet (financier, organisationnel, commercial), l'entrepreneur identifie les potentiels obstacles et se prépare à les surmonter.

4. Disposer de la « Constitution » de l'entreprise

Pouvoir s'y référer pour prendre du recul sur la situation après le démarrage de l'entreprise, évaluer la réalisation par rapport aux prévisions initiales, anticiper sur la mise en œuvre des évolutions en cas de montée en puissance rapide…

COMMENT RÉDIGER UN BUSINESS PLAN ?

SECTION	RÔLE PRINCIPAL
Synthèse	Résumer les points clés pour capter l'attention (vision, objectifs, chiffres principaux).
Description de l'entreprise	Détailler le concept, le statut, la mission/proposition de valeur, les objectifs, l'équipe et la situation actuelle.
Étude de marché	Analyser le contexte, les tendances, la concurrence, les clients et le marché cible.
Stratégie commerciale	Définir les actions marketing, de distribution et de tarification.
Plan financier	Prévoir les besoins financiers, la rentabilité et la trésorerie.
Rétroplanning	Planifier les étapes clés et les deadlines.

OUTILS SUPPLÉMENTAIRES

- **Un plan de financement initial** qui détaille les besoins et ressources nécessaires au démarrage.
- **Un compte de résultat prévisionnel** qui offre une vue sur la rentabilité.
- **Un plan de trésorerie prévisionnel** qui permet de visualiser les flux financiers.

Scannez le QR Code ci-contre pour télécharger une trame d'un business plan.

http://dunod.link/creactifs15

Remerciements

Je tiens à exprimer ma profonde gratitude à toutes les personnes qui ont contribué à l'élaboration de ce livre.

Tout d'abord, je remercie chaleureusement Caroline Bories, Morgane Stella, Marc Choquet, Paul-Olivier Begoc et Sacha Girard pour leur précieuse expertise et leur engagement sans faille.

Mes remerciements s'étendent également à l'ensemble de l'équipe CréActifs, dont l'implication, les tests, la rigueur et les idées novatrices ont été essentiels à la création des outils présentés dans cet ouvrage. Votre passion pour l'accompagnement entrepreneurial et votre volonté de partager vos connaissances ont été une source d'inspiration constante.

Je remercie également tous les experts du secteur avec qui j'ai pu avoir l'occasion de challenger mes réflexions.

Merci à tous pour votre contribution inestimable à ce projet.

87575 - (I) - OSB 90° - PCA - MGS
Imprimerie CHIRAT - 42540 Saint-Just-la-Pendue
Dépôt légal : juin 2025 - N° 202505.0045

Imprimé en France